仕事がサクサク進む

教師のiPad仕事術

魚住 惇
Jun Uozumi

まえがき

僕は仕事が遅く、書類の締め切りが守れず、他の先生方に迷惑ばかりかけてしまう教員でした。iPadを購入して書類をスキャンしてiPadで持ち歩こうとしても、はじめは一向に上手くいかず、周囲からは「そんなことをやるくらいなら、紙で仕事をしたほうが速いよ」と言われていました。

ところが２０２０年現在では、iPadをフル活用して次のように変わりました。

・締め切りに余裕をもって仕事を進められる
・他の先生から「机がきれい」と言われる
・計画的に授業が進められる
・後輩から信頼される

それもこれも、iPadを使って仕事を効率良く進められるようになれたからです。

本書では、どのようにiPadを校務に活用するようになって、これまで「仕事が遅くてできない人」と認定されていた僕が効率良く働けるようになったのか、具体的にお伝えします。アプリなどの説明も多くありますが、デジタルの利点を活かした「考え方」にフォーカスを当てているので、これから先、新しいiPadやアプリが登場しても使えるような「知恵」を詰め込みました。

およそ10年間の僕の教員人生の中で培ってきたiPad仕事術を紹介することで、少しでも多くの先生の仕事の効率が上がることを願っています。

序章

iPadを活用してこう変わった

いまでこそ、iPadを使って仕事を効率よく進められるようになりましたが、それまでの僕は「仕事が遅くてできない人」でした。前任校での経験から見出した「仕事ができる人」の特徴を最初にお伝えします。

本書を手に取った教職員の方は思い当たる点が多々あると思いますが、学校の職員室というのは、いまでも紙の資料が世の中のすべてだと言わんばかりの紙中心の世界です。一人1台ずつパソコンが整備され、校舎にはWIFIが整備されているというのに、職員会議を行うなら配付される資料はすべて紙です。職員に何かを知らせる際は、内容が印刷された紙が机の上に配られます。教職員はまず、紙を整理するという作業に追われるのです。僕自身、紙の整理に追われていた頃は仕事を進めることができず、どこにどの書類を保管しているのかもわからなくなり、常に何らかの書類を探していているような毎日を送っていました。**▼仕事ができなかった時代のエピソードは序章に書いています。**

それがiPadとドキュメントスキャナ、そしてEvernoteというアプリを使うようになって解決することができました。**▼これについては第1章で詳しく書きます。**

スケジュールやタスクを管理するのにも、iPadが大変重宝しています。紙の手帳ではできなかったことが、iPadならできます。ただ、紙の手帳を完全に置き換えることができるわけではなくて、両方を効率良く使うことで落ちつきました。iPadやiPhoneがあれば、もう紙の手帳は不要だと考える人も増えてきましたが、学校教育という特殊な現場では、むしろ紙の手帳のほうが便利なことのほうが多かったりもします。**▼アナログである紙の手帳と、デジタルであるiPadの両方を上手く活用する方法については、第2章で詳しく書いていきます。**

教員が本来やるべき仕事は授業です。生徒が教師を信頼するポイントはいくつかあると思いますが、部活での顧問と部員の関係がいかに良好であったとしても、子どもたちはわかりやすい授業をしてくれる教師を好みます。そしていまは情報社会です。高校生にもなればほとんどの生徒がスマホを持っています。

スマホを持つことでテクノロジーの進化を当たり前のように吸収している子どもたちにとって、もはや時代遅れだと感じているのが学校の授業です。教師は教える内容を黒板にチョークで書き、子どもたちはそれを紙のノートにひたすら書き写していく作業を続けています。

情報を複製して保存するという行為において、紙に手書きでメモを取るよりも、スマホのカメラで写真を撮る方が楽であり効率的であることも、子どもたちはよくわかっています。我々教員の授業も、デジタルの強みを活かして効率化を進めることで、教師も生徒も、お互いにストレスを感じることなく、授業に集中できるのではないでしょうか。**▼iPadを使って授業の効率を上げる方法については、第3章にまとめました。**

教師という職業は、本当にクリエイティブな仕事なんだなと、職務に従事していて思います。実はこのクリエイティブという点がなかなか曲者です。一つのことに集中していると、学校行事についても、授業の進め方についても、良いことを思いつくことが人間の脳の仕組みでは不可能なんです。ではどうやってアイデアを生み出していくのか。ここでもiPadが大活躍します。頭の中で考えていることを深めたり、別の視点に気づいたりと、これまでのアナログツールでは不可能だったことが、デジタルでは可能となりました。**▼アイデア・アウトプット法については第4章で詳しく解説します。**

僕がこれまでiPadを使ってきた中で一番感じたのは、iPadは本体を購入するだけで終わりではないということでした。iPadだけで仕事をこなすという言葉は大変魅力的ですが、実際に快適に使うには、周辺機器を揃えたり保護フィルムを貼ったりと、それなりの環境整備が必要でした。**▼iPad周辺環境については第5章で詳しく書きます。**

また、個人的には文字入力に関してはiPadの画面に表示されるソフトウェアキーボードではなく、USBやBluetooth等で接続する物理キーボードのほうが遥かに効率よく入力作業を進めることができました。**▼第6章では、僕が愛用し続けているキーボードの紹介や、仕事の効率が飛躍的に上がるタイピング上達方法なども紹介します。**

前任校での話

2020年現在、僕は現任校で3年目を迎えています。まえがきで述べたとおり、iPadを活用することによって、快適に仕事を進めることができています。

しかし、前任校では、思ったように仕事が進められませんでした。その頃の話を少しさせてください。

当時は初任者研修や授業準備に追われて、いつも職員室が閉まるまで仕事に追われていました。あまりにも仕事が遅くて、同じ分掌の先生からは「魚住先生、終わらない仕事はね、土日にやるんだよ」と言われたこともありました。その日は車の中で涙が止まりませんでした。それでも仕事が終わらず、他の先生方から「あとは魚住先生だけだよ！」と急かされてばかりでした。教室から職員室に戻ってくると、〝魚住先生、〇〇の書類出してください！〟と書かれた付箋が貼られていたことも多かったです。教材研究を家でやろうとしても、慣れない一人暮らしに苦労する毎日で、気がついたら寝落ちしていて朝を迎えていました。期限付任用講師3年、非常勤講師3年を経験してからの採用だったため、授業のノウハウはある程度あったものの、ほとんど役に立ちませんでした。

当時の職場に、R先生とY先生という方がいました。僕は初任でしたが、二人は2校目でした。同じ学年で一緒に仕事をしていましたが、この二人の行動を見ていて、実はちょっと嫉妬していたんです。

R先生は部活が終わり、生徒を下校させると、18時半には「失礼しまーす」と帰るのです。仕事をしている最中も、他の先生方と楽しく談笑していて、和気あいあいとしていました。職員室で同じ学年の場所に席がありながら、楽しそうに仕事をしているなぁと思いながら見ていた記憶があります。

Y先生はというと、職員室にあまり顔を見せない方でした。体育の先生なので、体育教官室にも席があり、主にそちらで仕事をされていたのです。しかし当時の体育教官室はWIFI環境が整っておらず、パソコンを使うにしてもオフラインでしか使えない状態でした。パソコンで事務作業をすることもできません。どうやって成績処理やテスト問題を作成しているのか疑問でした。あとになってY先生は、時折職員室で一気に仕事を進めていたことを知りましたが、当時の僕からすると、たまに職員室に顔を出してパソコンでちょこちょこっと作業をしているだけにしか見えませんでした。

悔しい。本当に悔しい。この差は一体なんなんだ。こんなにも一生懸命仕事を頑張っているのに、どうして自分は仕事が終わらず、R先生やY先生は余裕で仕事を進められるんだ。ずっとそう思っていました。僕は元々完璧主義のような面があり、「宿題を終わらせないと遊んじゃいけません」という小学生の頃学んだ教えに従い、仕事が終わらない内は他の先生方とおしゃべりしないようにしていました。それもあって、職員室でたまに談笑している先生方を見て、「もう仕事が終わったんだなぁ、羨ましい」と、思っていたりもしました。

その頃、僕とR先生、Y先生の三人で、仕事が終わるとよく飲みに行きました。そういう日は頑張って早めに仕事を終えるようにしていました。ある時、R先生に「もっとさー、てきとーでいいと思うよ。次に待ってる人がいる仕事はさ。提出日が決まってる紙とかは、もらった瞬間にぱぱっと書いて出した方がすぐ終わるじゃん？　その方が絶対に楽だって」と言われました。衝撃的でした。仕事を一つひとつ一生懸命にやって、それで締め切りが過ぎるよりも、さらっと終わらせて早く片づけた方が人から信頼されることに気づかされたのです。

それからというもの、僕はR先生の仕事の早さの謎に迫ろうとしました。しばらくR先生の行動を観察していると、いくつか気づいたことがありました。まず、机の上がいつもきれいでした。僕の机には他の先生方から配られるプリント類で山ができていて、どこにどのプリントがあるのかわからない状態でした。同じ量のプリントがR先生の机にも配られているはずなのに、そのままにしてあるプリントが一枚もなくて常にキレイだったのです。しかもその日の学校行事の要項なんかもさっと出して、係の仕事に早く取りかかります。物を探している姿なんか見たこともありませんでした。仕事に対しても思いきりが良く、テキパキと仕事をしていました。これ以上自分で考えても仕方ないと判断したら他の先生方に確認したりと、次への行動が素早かったのです。そんな中で仕事が遅い僕のことを「じゅーん！　頑張れー！」と応援してくださったものです。

R先生の仕事っぷりを見ていてわかったのは、仕事が早い人はとにかく取りかかりが早いということ。管理職や他の先生方に提出する書類などはだれよりも早く提出していたこと。そして、早く帰ること。せめてR先生くらいの早さで仕事ができたら、どんなに頼もしく見られるだろう。どんなに信頼されるんだろう。同じ方法で仕事を進められなくてもいいから、自分なりの仕事術を見つけたい。探したい。そう思うようになりました。これが後に、自分の得意分野を活かした仕事術を編み出すための原動力になりました。

初任者だったあの頃、R先生とY先生との三人で飲みに行っていた日々がなかったら、僕はいまも「仕事が遅くて、信頼できない人」という烙印を押されてしまっていたことでしょう。★ ひょっとしたら、担任を任せてもらえなかったかもしれません。

仕事が早い人の特徴

ここでもう一度、仕事が早い先生の特徴を整理します。中にはこれから挙げる特徴に当てはまらず、例外的に仕事ができる先生もいらっしゃるかもしれませんが、僕が職員室中を見渡す中で、「この先生は仕事が早いな」と思える先生方の特徴を抽象化してみました。

1. 机がきれい
2. 取りかかりが早い
3. メリハリと優先順位がある

★R先生、Y先生、あの頃は大変勉強になりました。二人から学んだことは本当に多かったです。何より一緒にいて本当に楽しかったです。ありがとうございました。

以下に詳しく説明していきます。

1．机がきれい

R先生やY先生をはじめとする仕事が早い先生の机は、常にきれいでした。物が全くないというわけではなく、物が整理されていてきれいなんです。そして、どこに何の書類が保管してあるのかも把握済みで、書類を探している素振りなど見たことがありません。仕事が早い人は、机がきれいで、整理整頓が行き届いているということがわかりました。

2．取りかかりが早い

R先生も部活の主顧問をされていました。しかし、部活の時間が終わって生徒が下校したあとすぐに「お先に失礼しまーす」と職員室を出て行くのです。つまり、部活が始まるよりも前の段階で、すでにその日にやらなければならない仕事が終わっているということです。その一方で、部活の時間が終わったあとにずーっと残って仕事をしている先生もいます。同じ仕事量であるならば、遅くまで残っている先生と早く帰る先生の、どちらが効率よく仕事を進めているでしょうか。言うまでもなく、早く帰る先生です。

3．メリハリと優先順位がある

仕事が早い先生方は、他の先生方と比べて手を抜いているのかもしれない。当時はそう思ったこともありました。でも実際に一緒に仕事をしてみると、「てきとー」と言いながら全くそうは見えない仕事っぷり。R先生の行動から学んだのは、メリハリをつけて仕事をするということでした。すべてを完璧にしようとせず、手を抜いてはいけない部分にだけ注力すること。すべてにおいて全力で集中していて締め切りを過ぎてしまうくらいなら、提出期限までの時間内でできることだけをやる。そのためには、優先順位をつけて仕事を進める必要があることも知りました。

これらの仕事に対する考え方は、学校ではあまり教えられていないことです。学校教育では、一生懸命に頑張ることこそが良いという考え方で、手を抜くことは悪いことだと教えています。努力をすること自体は素晴らしいことではあるものの、そこに効率の良さや費用対効果などの考え方も加えることで、無駄を省いたメリハリのある仕事ができるわけです。

コラム

記憶力と気合いは信じない

「マジカルナンバー7」という言葉をご存じでしょうか。

人間がぱっと見て記憶できる数字は7桁が限界だということを指す言葉です。つまり、人間の記憶力には限界があるということです。ましてやいまは情報社会といわれる時代です。身の回りに情報が溢れているなかで様々なことを覚えていることのほうが困難です。

何かうっかりミスや忘れ物をしたときに自分の記憶力のせいにする人がいますが、それは間違いだと僕は考えます。原因は記憶力そのものではなく、自分の記憶力を過信していたことにあります。

似たようなものに「やる気」や「気合い」があります。生徒に宿題を出す際、「しっかりやりなさい」などとしつこく言っていませんか？　これは、何度か言えばやる気になるものだと信じているからです。生徒のやる気を過信して、勝手に裏切られているのです。

僕は、生徒に対して「やる気」や「気合い」を期待しなければ強要もしません。なぜなら、モチベーションが上がらない授業や課題に対して、無理矢理モチベーションを上げろと言っているのと同じだからです。果たしてそれで人はやる気を出せるでしょうか。

大人も子どもも、自分がやりたいことについてはとことん自発的になり、やりたくないことに対しては消極的になります。どんなに勉強が苦手な子どもでも、興味があるアイドルグループの名前は簡単に覚えたりするものです。教師がすべきなのは、「しっかり」を繰り返すことではなく、生徒のモチベーションが上がるような授業や課題を工夫することではないでしょうか。

1

書類と情報の整理法

紙の整理に追われていた頃は、仕事を進めることができず、常に何らかの書類を探しているような毎日を送っていました。

それがiPadとドキュメントスキャナ、そしてアプリを使うようになって解決することができました。

「書類の整理」は「情報の整理」

なぜ、紙でないといけないのか？

僕は、紙の整理がとても苦手でした。他の先生と同じように整理しようとしても、どの書類が必要でどの書類が不要なのか、判断に迷ったりしました。紙が増えれば増えるほど目的の資料を見つけるのが困難になり、分類が困難になっていきました。そこで、デジタルの力を借りようと思ったわけです。

序章に書いたように、仕事が早い先生の多くは、机の上がきれいです。では机の上にあるものをすべて引き出しの中に入れたら仕事が早くなるかというと、決してそうではありません。机の上が紙まみれになっている人の多くは、どの書類がどこにあるのか把握できずに、必要な書類を探すのに時間がかかり、結果的に仕事が遅くなっているのです。

学校という職場は、資料といえば紙です。そこら中が紙で溢れています。一般企業では隣の席に座っている人にさえもメールを送るような職場もあるようですが、学校ではメールを一切使っていないような先生もいます。★日常の業務連絡方法といえば、口頭での連絡か、メモ書きです。授業が終わり、教室から職員室に戻ってくると、机の上には沢山の紙が置かれていることが日常です。

毎日のように増える紙！紙！紙！　定期的に行われる職員会議や学年の会議でも、大量に資料が配付されます。職員が利用できる共有フォルダも用意されていますが、みんながアクセスできる場所にファイルが保存してあるのにもかかわらず、会議となると全職員に印刷をして配付しています。★

★近年ようやく校務支援システムを使うようになり、お知らせ機能を使うようになりましたが、お知らせ機能を見ていない先生もいるので結局、紙は消えません。

★だから学校の印刷機は常にフル稼働状態です。

まだ僕が研修中の身であるとき、考査期間（テスト週間）中に生徒の学習時間を毎日調査し、結果を先生方の机の上に配付していました。その資料を作成する作業そのものは苦ではなかったものの、全職員分を毎日印刷して机の上に配付することが非常に面倒だと思っていました。「皆さんこの共有フォルダに生徒の学習状況調査の結果が入っているのでご覧ください」とアナウンスするのではダメなのか？　と考えていました。

そこで、先輩の先生に相談すると、「電子データだと、わざわざパソコンを操作して、そのファイルを開かないと見てもらえないでしょ。紙に印刷して机の上に配付すれば、例えすぐごみ箱行きになったとしても、手に取った瞬間に内容が目に入る可能性がある。そのために、毎日全員分印刷して配るようにしているんだよ」と言われました。

僕は心の中で思わず、「嘘だろー！」と叫びました。日々紙が増えていく原因はこの考え方だったのか！　と確信した瞬間でした。

確かに、紙を手に取ることはパソコンを開くよりも簡単で、情報を得るハードルは低いかもしれません。しかし、みんながこの考え方ですべての書類を印刷し、配付していたら、逆に大切な情報が埋もれてしまいます。紙以外での情報の共有。これはどの学校にも共通する課題です。

多くの先生がしている紙の管理方法

このように、多くの教師は、事ある度に大量の紙を受け取り、メモが書かれた紙を机の上に置かれ、生徒から回収したプリント（これも紙）の整理に追われる毎日を過ごしています。目の前に支給されたノートパソコンがあろうと、そこからアクセスできる共有フォルダにすべてのデータが保存されていようと、紙に印刷された資料が次々に配られるわけです。もし「この大事な用紙はあとで見るから、とりあえずこの辺に置いておこう」なんてことをしてしまったら、たちまちA4サイズの紙のタワーが完成します★。

職員会議で配付される資料の多くは、学校行事の要項です（**画像1-1**）。入学式、離任式、始業式、クレペリン検査など、4月のはじめから1週間分の学校行事を挙げただけでも片手では足りません。つまり、学校行事が行われるということは、その行事の数だけ要項も存在するということ。それらが前もって職員会議で配られるというわけです。

会議が終わると職員室に戻り、それぞれの先生が資料をファイルに綴じていきます。僕も例外ではなく、最終的にはファイルに資料を綴じます。しかし、一度ファイルに綴じた資料は、見たいときになかなか出てこないんですよね。「この前の職員会議で配られたあの資料はどこだっけー」と言いながら探しても、探し方が悪いのかすぐ出てこないことも多い。会議が終わったあとにちゃんと綴じたのに！

「整理」と「整頓」の違いを意識する

実はこれ、「整理整頓」の「整頓」しかしていない状態だから

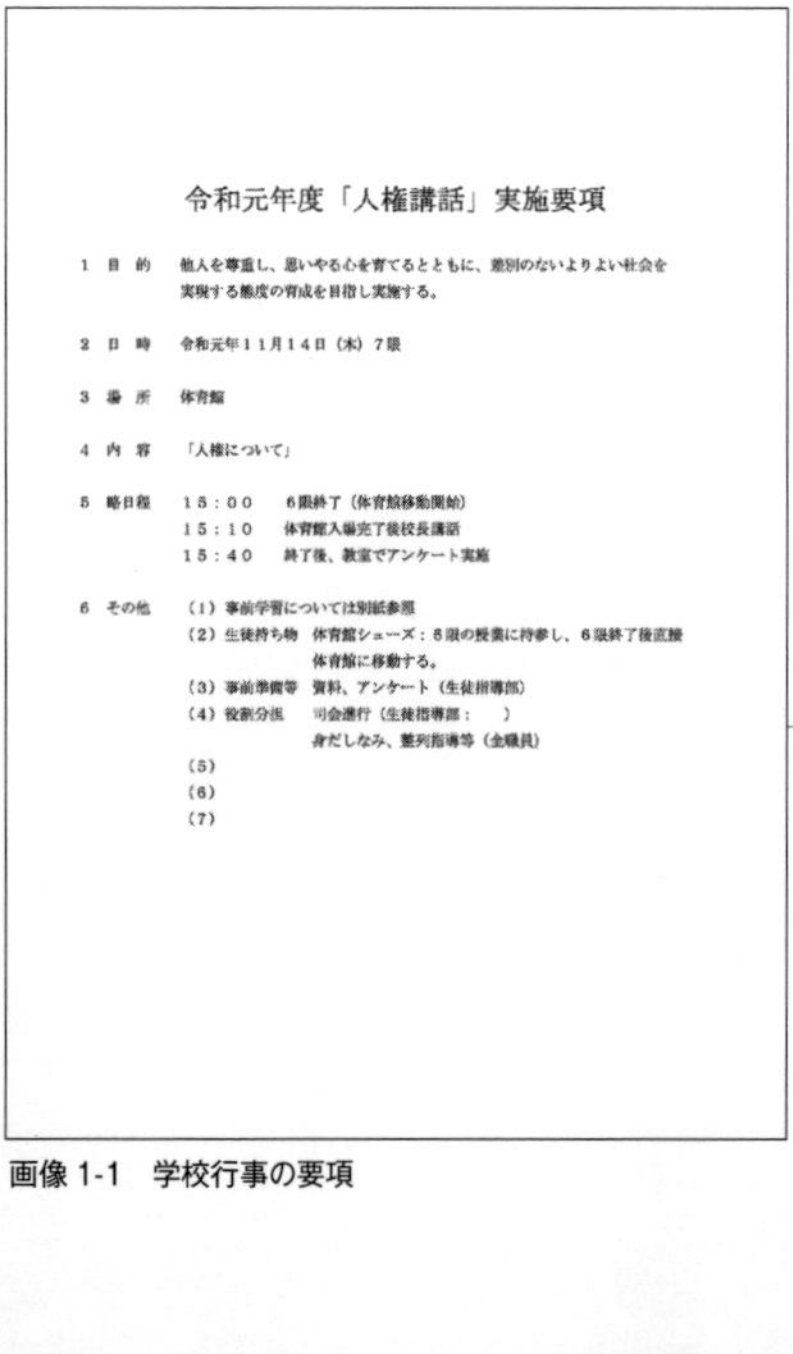

令和元年度「人権講話」実施要項

1　目　的　他人を尊重し、思いやる心を育てるとともに、差別のないよりよい社会を実現する態度の育成を目指し実施する。

2　日　時　令和元年11月14日（木）7限

3　場　所　体育館

4　内　容　「人権について」

5　略日程　15：00　6限終了（体育館移動開始）
15：10　体育館入場完了後校長講話
15：40　終了後、教室でアンケート実施

6　その他　（1）事前学習については別紙参照
（2）生徒持ち物　体育館シューズ：6限の授業に持参し、6限終了後直接体育館に移動する。
（3）事前準備等　資料、アンケート（生徒指導部）
（4）役割分担　司会進行（生徒指導部：　）
身だしなみ、整列指導等（全職員）
（5）
（6）
（7）

画像 1-1　学校行事の要項

★稀にいますけどね、そういう先生。よく資料が雪崩を起こしています。

起こることなんです。「整頓」ができていると、一見机の上はきれいで、スッキリしている印象を受けます。しかし、あとから利用するために必要な「整理」を怠ってしまうと、一見きれいな机から目的の資料を取り出すのにかなりの時間がかかります。資料を探す時間を合計すると結構なロスです。あとになって使う資料を取り出しやすく工夫（整理）し、きれいに整える（整頓）。これが「整理整頓」のできている状態です。★

★簡単にいうと、「整理」は必要なものを取捨選択し、あとからアクセスしやすいように仕分けすること。「整頓」はそれをキレイに整えること。

資料を極力データ化し、「整理」する

マイベストな要項の整理整頓法

前述のように、紙の資料の整理が苦手だった僕ですが、iPadとスキャナとEvernoteの3つのツールを使うことで、見たい資料を見たいときにさっと確認できるようになりました。ざっくりいうと、次の方法です。

①スキャナを使って紙の資料をすべてPDFとして取り込む
↓
②「Evernote」に保存して整理する
↓
③iPadから閲覧する

「Evernote（エバーノート）」とは、クラウド上にテキストやPDFファイルなどを保存できるオンラインノートアプリです。クラウド上にファイルを保存するクラウドストレージサービスはたくさんありますが、Evernoteはノートを保存することに特化したサービスで、保存できる容量単位ではなく、毎月アップロードできる容量で契約します。そのため、月々にアップロードするファイルの容量さえ気をつけていれば、合計容量を気にすることなく資料をためておけるサービスなのです。僕はこれから無限に増えるであろう会議資料などをすべてEvernoteに保存するようにして、ペーパーレスに近い状態を実現しました。

以下、もう少し具体的な方法を紹介します。

職員会議の資料を、スキャン可とスキャン不可に分ける

ここまで読んだ読者の方は、自分もすべての紙をデジタル化しよう！　と思っているかもしれません。しかし、教員の仕事は個人情報を大量に扱います。学校管理でセキュリティのしっかりしたiPadならともかくですが、個人が購入したiPadから資料を閲覧する場合は、「個人情報の持ち出し」になるので厳禁です。そこで、スキャンしても問題のない資料と、そうでないものに分けておきます。★

ドキュメントスキャナで読みとる

先程分けた資料のうち、スキャン可と判断した紙の資料を、ドキュメントスキャナを使って読み

★少し手間ですが、教員である以上、最低限この作業は必要かなと思います。

込んで行きます。僕がおすすめしているスキャナは、株式会社ＰＦＵが販売している「ScanSnap ix１５００」というモデルです（画像1-2,1-3）。一台5万円ほどしますが、個人が購入できるドキュメントスキャナのフラグシップモデルで、Ａ３サイズの読み取りにも対応しています。ix１５００は「ScanSnapCloud」というサービスに対応していて、スキャンした内容をWIFIを通してEvernoteなどのアプリに自動で保存してくれます。★

スキャンするとき、行事ごとに分けてスキャンするとあとで探しやすくなります。１つの学校行事ごとにスキャンしていき、ＰＤＦで保存します。以前は職員会議ごとにまとめてスキャンして１つのファイルにしていましたが、何月何日の会議でその行事の話が出たのかわからなくなってしまい、必要な資料を探すときにとても時間がかかってしまいました。

スキャンし終わったら、スキャンをしなかった資料と合わせて穴あけパンチで穴を開け、ファイルに綴じます。★

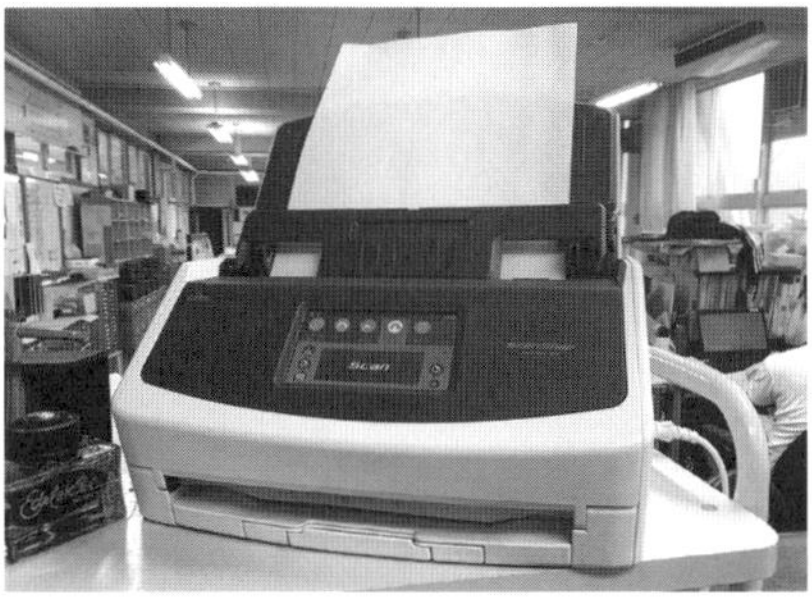

画像 1-2　ScanSnap ix 1500

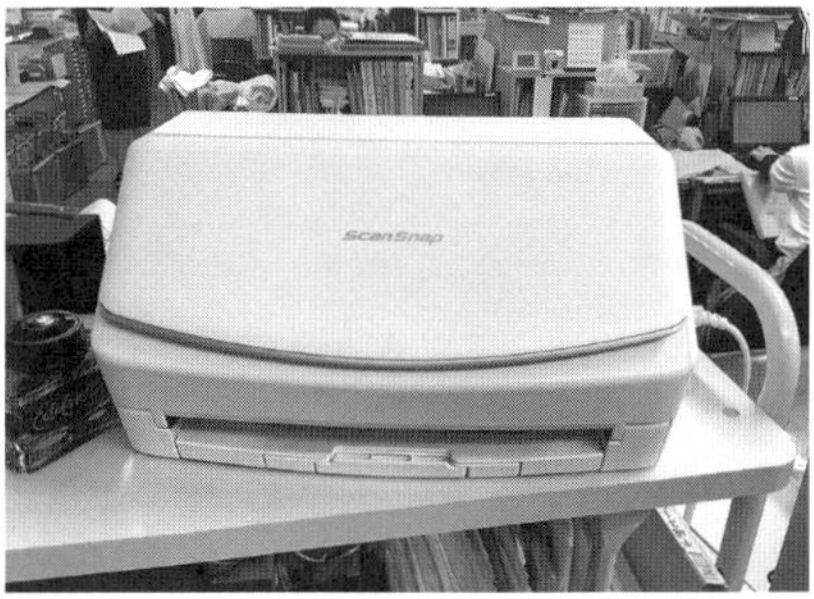

画像 1-3　フタを閉めるとこんなにコンパクト

★ScanSnapの詳細は次のサイトにアップされています http://scansnap.fujitsu.com/jp/product/ix1500/。

★USB接続でパソコンに接続して使うこともできますが、ix1500をパソコンで使用するためには専用のアプリケーションをインストールする必要があるので、学校管理者の許可が必要です。僕はScanSnapをテザリングをONにしたiPhoneに接続して使っています。

★スキャン後の紙を捨てる人もいますが、一応保険をかける意味で紙の資料も僕はとっておきます。このファイリング方法は後述します。

画像 1-4　ScanSnap Cloud 経由で保存されたところ

Evernote 内で資料を仕分け、リマインダーを設定する

ScanSnapCloud 経由で Evernote に保存されると、あらかじめ指定した保存先にスキャンした内容がたまっていきます★（画像 1-4）。ここでひと手間加えるとあとから便利な二つの機能があるので紹介します。

一つ目は、Evernote の「リマインダー」機能です。実施日が決まっている行事の要項の場合は、リマインダー機能を使って日付を指定しておくと、その日が近づくとお知らせしてくれるので便利です（画像 1-5）。

二つ目は「タグづけ」機能です。あとから検索するときに日付以外のキーワードがあるとグッと検索しやすくなるので、自分が入れそうなワードをタグとしてつけておきます。タグとは、あとから書類を探す際に頼りになるキーワードのことです。今回紹介する整理法では、「19年の11月に実施した学校行事の要項を見たい」というように年月を頼りに書類を探せるようになっています。しかし、場合によっては複数月にまたがるような活動（例えば委員会の資料など）を確認したいと思うことがあります。この状況を見越した

★この最初の保存先はScanSnapCloudで設定することができます。また、iX－500でスキャンすると、資料の中身の日付を読みとってファイル名やノート名に反映してくれます。

上で、「委員会」という単語で検索しても探せるように、キーワードを登録しておくわけです。

ここまで終わったら、「年」「月」を4桁にしたノートブック（フォルダ）に資料を分類して保存します。例えば、2001（20年1月）や2002（20年2月）のノートブックの中に、その月に実施される行事の要項をドラッグ&ドロップで入れていきます（画像1-6）。このように月ごとに整理していくと、格段に探しやすくなります。以前この方法を年月ではなく日付ごとにやっていましたが、細かく分けすぎてしまい逆に探すのに苦労しました。

以上の作業を職員会議直後にやっておくことで、行事の要項を探す手間を省くことができます。

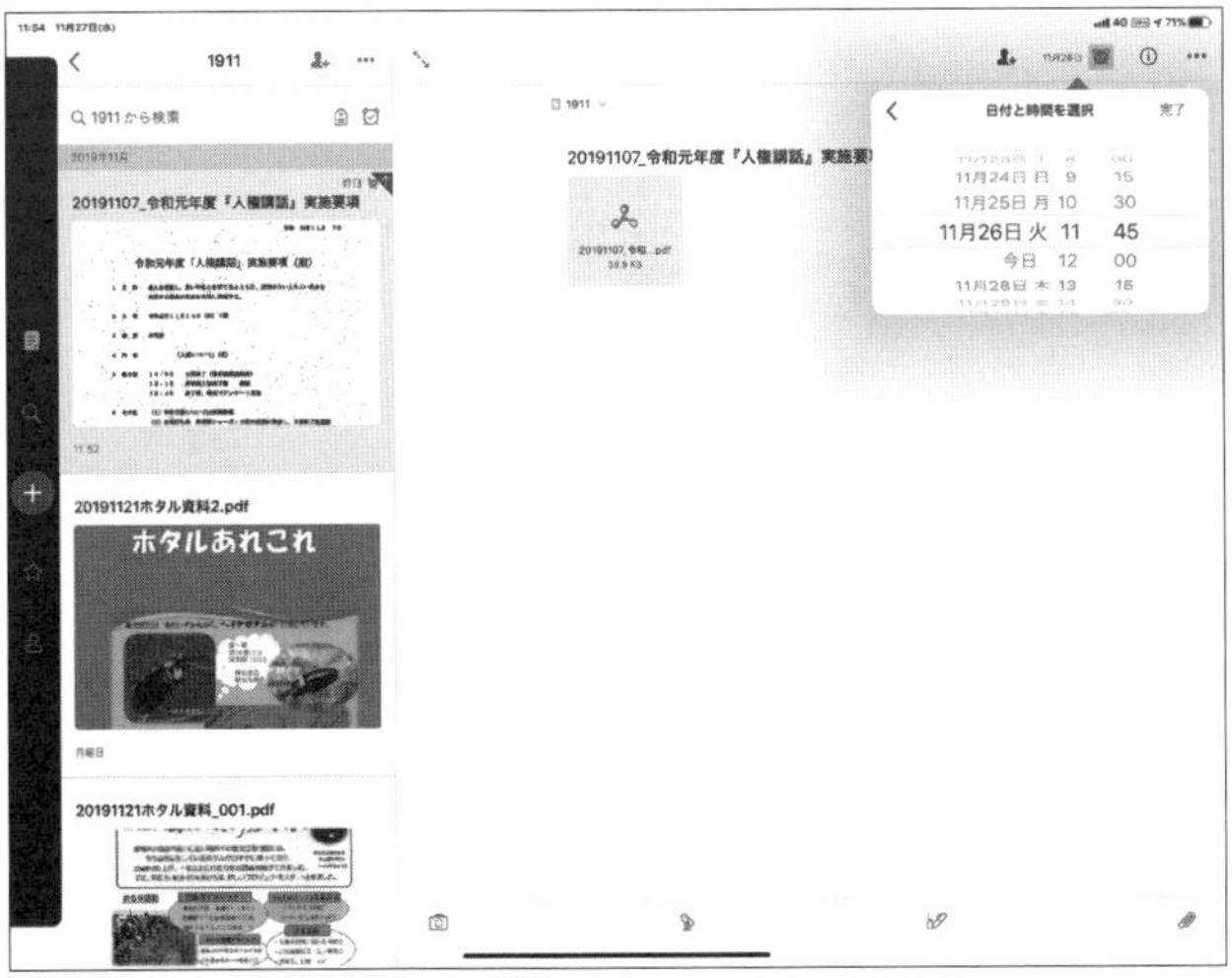

画像 1-5　Evernote のリマインダー機能

行事当日にリマインダーが届く！

学校行事当日の朝 iPad を見ると、リマインダー機能で学校行事の名前の通知が来ています（画像 1-7）。それをタッチするだけで、Evernote に保存した行事の要項が表示されます。「今日の行事の要項、どこいったっけー！」と言いながら探さなくても良くなるどころか、要項を失くして困っている先生に、紙の要項を差し上げることもできます。★

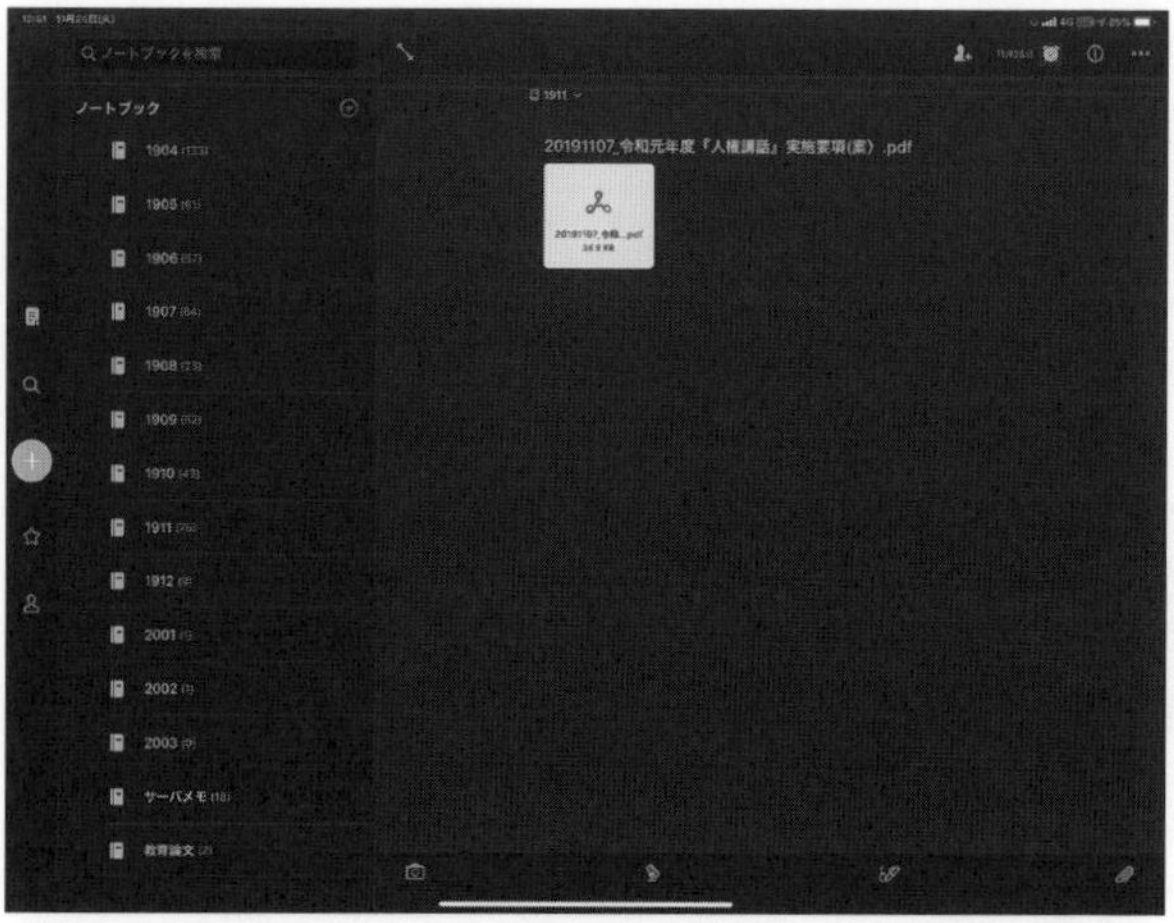

画像 1-6　年月ごとに分けたフォルダに要項を入れておく

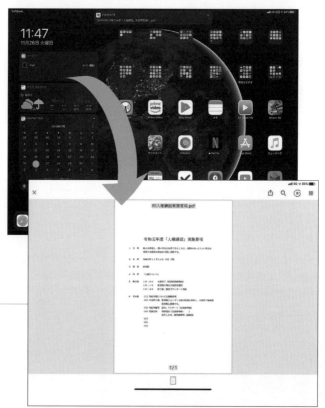

画像 1-7　リマインド通知をタッチすると当日の要項が開く

★ iPadで資料を見ていると、たったそれだけでオシャレ感というか、仕事が出来ます感が出ますね。

この整理法が、僕がこれまで試行錯誤してきた中で、一番作業がしやすく、効率の良いやり方です。資料をデジタル化すると、整理整頓がより一層進みます。ぜひやってみてください。

iPadのカレンダーアプリで要項を開く方法も

2019年の秋から、Evernoteや「ファイル」アプリなどで保存しているPDFなどのファイルを、iPadの標準カレンダーアプリにドラッグ&ドロップすると、そのファイルが添付された状態で予定の作成ができるようになりました。カレンダーにドラッグ&ドロップした日付の場所に予定を作成することができるので、直感的な操作でファイルを添付できます。

例えば、3月1日に卒業式があり、その要項をiPadの中に保存しているとします。★要項のPDFや画像ファイルを、カレンダーアプリの3月1日のところにドラッグ&ドロップして、予定のタイトルを登録するだけです（**画像1-8**）。登録した要項を見たいなと思ったら、カレンダーアプリの日付に登録してある予定名をタップします。カレンダーの予定を見ていて、「この日の要項を見たい」と思った瞬間に、内容を確認できるわけです。

iPad本体にPDFファイルを保存し、見たいときに見る。これだけでも十分にiPadを活用していると感じるかもしれませんが、重要なのは、資料を確認しなければならないときに、さっと資料を取り出せることです。ただ単にiPad内にPDFを保存するだけでは、まさに整頓をしただけと言えます。見た目をきれいにしているだけなのです。整頓するだけではなく、必要なときに瞬時に情報にアクセスできるように、整理しなければなりません。iPadOSで進化したカレンダーアプリ

★要項をiPadで保存する方法は、Evernoteなどのクラウドストレージサービスを利用するか、スキャナから直接iPadに保存します。

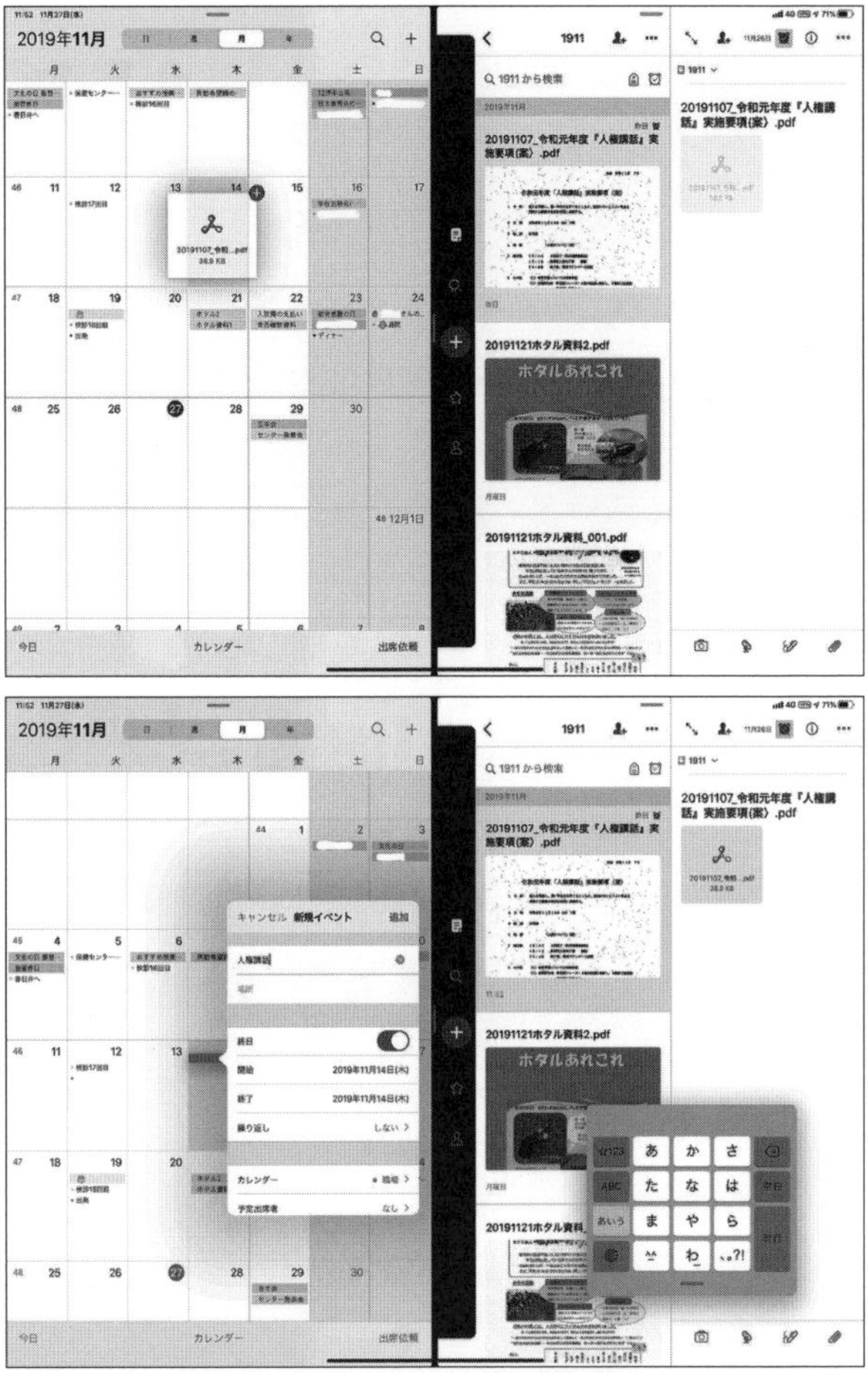

画像 1-8　iPad 標準のカレンダーアプリで要項を開く方法

にせよ、Evernoteのリマインダー機能にせよ、必要なときに、必要な情報にアクセスするための手段なのです。

この二つの機能に共通していえるのは、目的の情報にアクセスしやすくなるだけでなく、通知機能で教えてくれることです。この機能が、デジタルツールの最大のメリットといっても過言ではありません。

アナログツールである手帳やフラットファイルは、自分の意思で開かないとその情報に触れることはできませんが、デジタルツールの通知機能を使えば、自ら開こうとしなくても向こうから「今日はこの学校行事の日ですよ。要項はこちらです」と教えてくれるのです。

自分の頭で必死に覚えておかなくても、iPad が必要なときに必要な情報を出してくれるようになります。そうなるとその行事の直前まで、そのことを忘れても良いという安心感が生まれて、目の前のことに集中できます。

人間の能力には限界があります。記憶力や集中力を要求される教育現場では、なるべく脳にかかる負担を軽減して、子どもたちと接する時間や、より良い授業を行うための教材研究に時間を費やすべきです。

紙の分類方法

紙も一応ファイリングして残す

あとで使いそうな資料をすべてスキャナで読み取ったとしても、紙は捨てない限り残ります。完全なペーパーレス環境を実現するためには、スキャン済みの紙をすべて捨てるかシュレッダーにかけるわけですが、教員として仕事をする上ではそうはいきません。iPad が使えない場面も多々ありますし、iPad のバッテリーがなくなってしまったり、Evernote のサーバーが万が一トラブルに見舞われてしまったら、見たい資料にたどり着けなくなるわけですから。

そこで僕は、念のために紙の資料はそのまま捨てずにファイリングするようにしています。どのようにファイリングしているのかをこれから説明します。

画像 1-9　4つに大きく分けたファイル

分類は「ざっくり」にするのがコツ

僕が実際に用意したファイルは、次の４つです。
A：職員会議＆教科会
B：学年会
C：情報推進部（今年度の分掌）
D：愛知県立情報教育研究会
この４つのファイルにそれぞれの会議等で配られたプリントや、分掌で管理する公文書などをファイリングしています★（画像 1-9）。
「この種のプリントはここにファイリングする」という自分ルールが徹底できていると、プリントの分類がグンとはかどります。作業をストレスフリーに進めるコツは、いかに単純作業化するかということです。目の前に

★ちなみに、他の先生から机上に配付されたプリント類も「職員会議&教科会」に綴じるようにしています。

プリントがあれば、「あらかじめ決めておいた整理のルールに従って分類する」というルーティンワークをこなすだけ、という感覚になれます。

もしも欲張って、この状態よりもさらに細分化してファイルを作っていくと、「コウモリ問題」が発生します。どちらにも分類できるものはどうしようという問題です。★その点、4種類くらいのざっくりした分け方なら、僕が仕事を進める中ですべての紙が即座に仕分けできました。

ただし、先にも書きましたが、必要な書類をここから探すとなると至難の業です。紙を一枚一枚めくりながら、あるいは職員会議の日付を思い出しながら、お目当てのプリントを探していくのは苦行でしかありません。

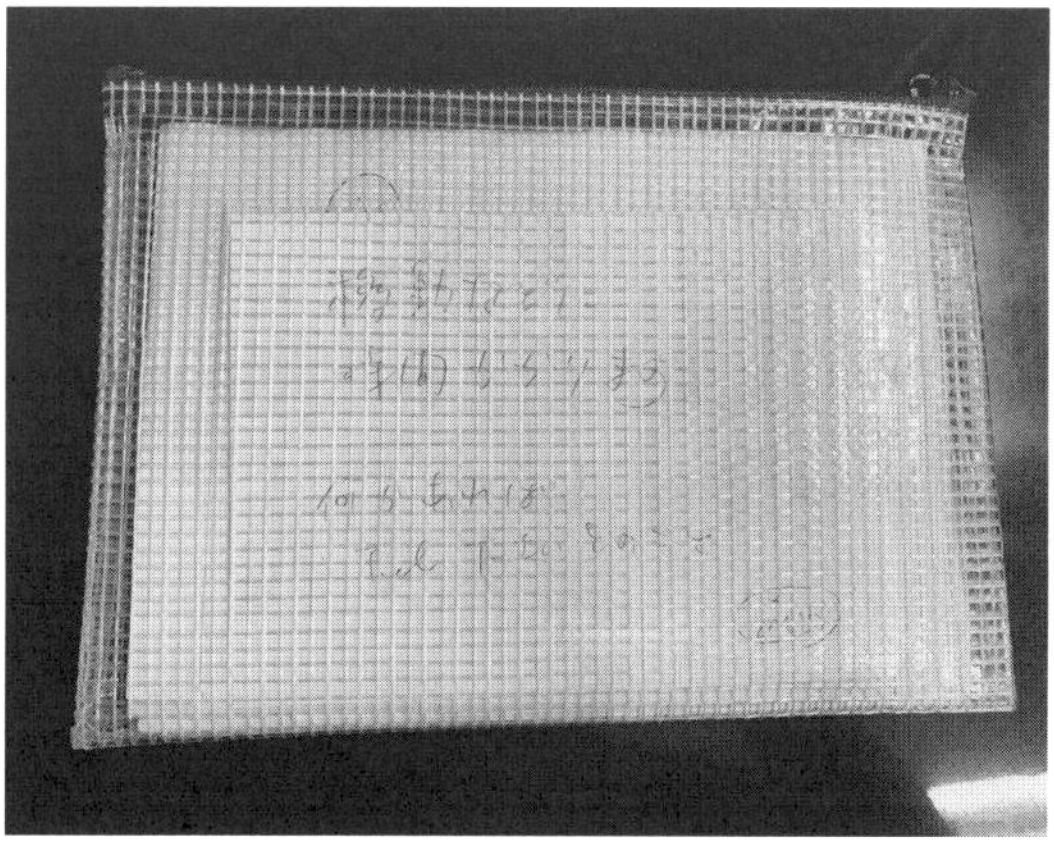

画像 1-10　大切なメモはジッパーつきの袋に入れて保管

小さい紙にも指定席を

教師の仕事をしていると、会議以外にも紙が発生する場面があります。自分宛のメモなどです。小さな紙に書かれたメモ書きであっても、あとになって必要となる可能性がゼロであるとは限りません。

机の上に置かれた付箋やメモの中で、自分が担任をしている生徒の出欠に関わるようなメモは、100均で購入したジッパー袋に入れるようにしています（画像 1-10）。

★コウモリは哺乳類にも鳥類にも分類できるといわれています。

だれがいつ遅刻や欠席をしたのかという情報は個人情報に当たるため、雑には扱えません。また、学期末に欠課時数を確認する際にも「このジッパー袋の中にある紙を確認すれば良い」と考えると作業効率が上がります。それ以外のメモは、すべて「スクールプランニングノート」に貼るようにしています。このノートについては、第2章で話します。

週に1コマ、机上整理の時間を決める

未提出書類の発見・紛失防止にも○

これだけ紙の資料を整理するためのルーティンを用意していたとしても、人間なので、「とりあえずこの資料はすぐ使うから、この辺に置いておこう」ということも実際にはあります。そういう生活を続けていくと、どうしても机の上がごちゃごちゃしてくるので、1週間の空きコマのうち、1コマ分を使って、机の上の紙の整理整頓だけを行うようにしています。

その作業の中でまずやるのが、書類のスキャンです。ScanSnapでスキャンしてからファイリングします。この段階では深く考えずに書類をスキャンしてファイリングすることに集中します。★

そして、もしこのタイミングで未提出の書類を発見したら、ここで提出できる状態にするのがベストです。「見つけたけど、あとでやっておこう」と引き出しの中に入れてしまっては、次にその書類を出すためのハードルが上がります。きっとその辺りに置いておいた書類は「あとでやっておこう」と思った書類ですから、見つけたタイミングですぐに取りかかるほうが、あとにも先にも自

★ひょっとしたら過去の自分がすでにスキャンしたかもしれませんが、念のため読み取っておきます。重複したデータはあとになって消せば良いだけですが、スキャンしたつもりになって実はしていなかったということのほうが仕事に支障が出ます。

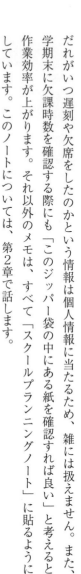

分のためになるわけです。
机の上がきれいになってきたら、ウェットティッシュ等で拭いていきます。仕事机がごちゃごちゃしていたり、埃っぽかったりすると、集中することができません。常に仕事に集中できる環境を整えるために、週に1回以上掃除をすることが、僕にとって苦にならないちょうどよい習慣でした。毎日は無理でも、週に1回程度なら、皆さんも続けられるのではないでしょうか。★
おすすめのタイミングは、金曜日の帰宅前です。月曜日に出勤したときに、清々しい気持ちで仕事に打ち込むことができます。

捨てられるものはすぐに捨てる

地域にもよるかもしれませんが、愛知県の多くの県立学校では、長期休みの時期にシュレッダー車を手配してくれます。不要になった書類の中で、個人情報が記載されていてそのまま捨てたりリサイクルに回せないものを一時的に溜めておき、シュレッダー車が来るタイミングで捨てるというものです。

しかし、僕がおすすめするのは、シュレッダー車が来る前に整理し、こまめに不要な書類を捨てることです。年に数回の機会を待っていては、一向に机がきれいに片づきません。すぐに捨てられる書類があるのなら、いますぐにでも捨てるべきです。

1枚の紙は確かに紙です。しかし、積み重ねていけば山になり、シュレッダー車が来る時期までそれらをすべて保管するということは、その分の場所が取られることになります。

★これを定期的にやっていると、提出しなければならない書類の紛失を防ぐことができ、積み重なって同僚や管理職との信頼関係につながるのです。

ＩＣＴ化が進んでいるとはいえ、学校は未だに紙だらけです。すでにいまの時代は、重要な情報が「紙」である必要がなくなってきています。少なくとも僕はそう感じています。容量が32ＧＢのＵＳＢメモリでさえ、あの小ささで単純計算しても３４９０万字ほどの情報量が入れられます。それだけの容量がある iPad を使えば、自分に関係する文書すべてを管理できるようになります。

僕が唯一、紙で印刷する場面

ただし、ほぼすべてをデジタルで管理している僕でも、印刷することはあります。テスト問題や職員会議で配付する資料など、生徒や自分以外の先生に配付するプリントです。また、大まかな添削は iPad 内でも可能ですが、印刷機で資料を大量に印刷する前などは、最終チェックとして印刷したものを確認するようにしています。

コラム

"我慢"と"努力"からの脱却

「なぜ、学校ではあえてコンピュータを使わずに手書きで文章を書いたり、電卓で計算をしたりするのか」。この問題について考えていたとき、ある考えが浮かんで来ました。それは、「辛くても、努力をすることが美徳だ」という、日本の努力至上文化（教育）です。

かつての日本は、終身雇用が当たり前でした。学校を卒業してから企業に就職し、男は定年退職まで働く。女は結婚や出産をきっかけに退社し、専業主婦として家事・育児に専念する。そうして育った子どもも親の姿を見て、それが当たり前だと思って生きてきました。

この雇用形態は、産業革命によって生まれました。18世紀半ばに蒸気機関が開発されて、これまで人間が手作業でやっていた多くの作業を機械がやってくれるようになりました。工場を運営する資本者と、そこで働く労働者という新たな身分階層ができ、お金持ちの資本家が労働者を雇って給料を支払う。企業でいう経営者と従業員の関係ができました。

この新たな身分階層ができ上がったことと、国家間の戦争が激化したことから、それまで家庭でやっていた子どもへの教育を学校という機関で一括で行い、労働者として働いたり兵士として国のために命を捧げたりすることを喜んでやるような人材を育てていきました。日本が明治時代に入り富国強兵を掲げて学校制度を作ったのも、産業革命後のイギリスの学校制度を参考にしたからです。つまり、当時の日本の義務教育は、労働者と兵士を育てる場所だったのです。戦争が終わった現在でも、学校には当時の名残が多く見られます。時間ごとにチャイムを鳴らして、音で行動を切り替えるのもその一つです。

なぜ、我々教員は、生徒に宿題を出すのでしょうか。宿題が、子どもたちの学力向上に

コラム ● ● ●

対して影響力が低いことは、ここ最近の研究でわかってきています。しかし、いまもなお、宿題を生徒に出し、「とにかく頑張って、与えられた課題を期限までに提出するんだ。これは社会に出てからの練習でもあるんだ」と、指導されている先生が多数います。子どもたちを上からの命令を忠実に守る労働者に育てることが教育なのだという考え方が根強く残っているのです。

では、たとえ成果が出なくても、ただひたすら努力することに意味はあるのでしょうか。社会的にもそう考えられていた昭和の時代とは異なり、いまでは少ない労力（コスト）である程度の成果を出すことのほうがよほど大事だと一般企業では考えられています。また、個性が重要視される時代だというのに、授業では、戦時中同様、「みんなで」「同じことを」「ひたすら努力する」ことを重要視しています。それは理にかなっているのでしょうか。

僕はこの話を通して学校文化を全否定するつもりはありませんし、協調性を乱すスタンドプレイを行うつもりはありません。ただ、「我慢・努力＝美徳」という考え方が、教師の仕事効率を悪くしているように思えてならないのです。効率が悪くても、成果が得られるかどうかわからなくても、例年通りのことを今年もやる。新しいことは、リスクがあるからやらない。そういった意識が、学校のいたるところにあるような風潮が確かにあるのです。与えられた仕事に対して、「この作業の目的は何か？」を一度、考えてみませんか。その目的を達成するための手段は「例年通り」や「努力して」だけではなく、もっと効率の良い別の方法があるかもしれませんよ。

2

タスク・スケジュールの管理法

スケジュールやタスクを管理するのにも、iPadが大変重宝しています。ただ、紙の手帳を完全に置き換えることができるわけではなくて、両方を効率良く使うことがベスト。この章では、紙の手帳とiPadをうまく活用する方法について書いていきます。

iPadでタスク管理

iPadで何をするのか?

僕がどれほど仕事が遅くて、一緒に働いていた同僚の先生たちにご迷惑をおかけしてきたことかは、序章でもお話しました。この悩みは、もともと学生時代からあったもので、宿題が終わらなかったり、期限までに提出物が出せなかったりという学生生活を僕は送ってきました。

もし過去の自分にメッセージを送ることができるとしたら、言ってやりたい。「未来の自分はiPadを活用することで、提出物を期限内に出せるようになりましたよ」と。

いまの自分が、仕事をテキパキと進められるようになったのも、iPadを使ってタスク管理を行ってきたからです。タスク管理とは、「タスク」つまり「行動」を管理することです。管理という表現を使うと、何やら難しいことのように思われるかもしれませんが、簡単にいえば「忘れないように気をつけること」です。つまり「タスク管理」を行うということは、「自分がやらなければならないことを、忘れないように気をつけておくこと」です。これをiPadで行うことで、自分がやるべき仕事を片づけられるようになりました。

この章では、タスク管理、スケジュール管理など、iPadで時間を管理する方法についてお話しします。

「タスク管理」との出会い

序章で書いた通り、僕は本当に仕事が遅いことで評判の教員でした。教室から職員室に戻ってくると、「魚住先生、あの書類まだ出てないよ?」と待ち構えている先生がいたり、同じような内容の付箋が机に貼ってあったりしました。よく「人気者だね〜」とか「みんな魚住先生のこと待ってるんだよ〜」と冗談交じりで言われたりもしました。そんなときにも次の授業の教材研究が終わっておらず、プリントさえ用意できていない。もう頭の中はパニックでした。常にどうしようどうしようと焦っている状態でした。

そんな状態から脱却したいと思いネットで調べていたときに出会った言葉が「タスク管理」でした。自分に足りないものは、これだ！　そう考えた僕は、タスク管理について書いているブログ記事などを読みあさりました。ウェブサービスでタスク管理をしている人もいれば、付箋をPCの画面に貼るというアナログな手法でタスク管理をしている人もいました。しかし「これだ！」と思えるジャストフィットな方法がネットで見あたらなかったり、この方法は使えそうだ！　と思った方法があっても、実際に自分が活用しようとすると、うまくいかなかったりすることも多々ありました。

この理由は単純なものでした。まず、タスク管理にツールが必要な人(僕もその一人です)と、ツールは必要なく頭の中で管理できる人がいるのです。また、ツールが必要な人でも、それぞれのタイプによって使いやすいツールが異なるのです。仕事ができる先生の中には、やらなければならないことがすべて頭の中に入っていて、いまやるべき仕事はこれだ！　と即時に判断ができる人もいますが、僕がそのやりかたを真似しようとしても、タスク管理はうまくいかなかったわけです。

つまり、ネットに載っている方法をそのまま取り入れるのではなく、自分なりの方法を編み出す必要があるということが明確になったのでした。

タスク管理のツールいろいろ

それがわかれば、「どんなツールを使うか?」という問題です。タスクを管理するツールを大まかに分けると、次の二つです。

A　アナログツール
B　デジタルツール

Aのアナログツールとは、手帳や付箋などの「紙」のことです。Bのデジタルツールは、スマホのアプリやパソコンのソフトウェアのことを指します。僕がタスク管理を行う上で、アナログとデジタル、どちらのツールを使うとうまくいくのか。これを考える必要がありました。

結論から話すと、今の僕の生活は、アナログツールである「紙の手帳」と、デジタルツールである「iPad」で成り立っています（画像2-1）。この方法に辿り着くまでに相当な時間がかかりました。手帳だけでタスクを管理しても抜けがあり、iPadだけでタスクを管理していてもすべてのスケジュールを把握しきれず……。そうか！　両方をうまく活用すれば良いんだ。どちらかだけを使うことにこだわっていたからうまくいかなかったんだ！　このことにやっと気がついたのです。

そこからさらに、ネット上の記事や本を読みあさり、試行錯誤した中でようやく辿り着いた答えが、「どれも、教師がタスク管理を行う上で最適な方法ではない」ということでした。僕がタスク管理について血眼になって調べているときは、まだ教師という職業の人がブログを書いている例は少なく、タスク管理について調べていても目に止まる記事は会社経営の方やフリーランスの方のブログでした。働き方が異なるのですから、その人たちのタスク管理方法をそのまま学校現場に取り入れるだけではうまくいかないのも当然です。学校という環境で、教師という職業が扱えるツールは何か。同僚の先生や担当する子どもたちから信頼されるようになるためには、どのようにタスクを管理すべきなのか。これらについてさらに考える必要が出てきたのです。

　そこで辿り着いた僕にとっての最適解が、「スクールプランニングノート」というアナログツールと、「iPad」というデジタルツールの併用でした。

画像 2-1　iPad とスクールプランニングノート

僕の場合はiPadだけではうまくいきませんでしたし、紙の手帳だけでもうまくいきませんでした。その両方を組み合わせて使うことで、やっと他の先生方と同じくらいの早さで仕事に取りかかることができました。

これからお話するのは、あくまで僕という人間が、iPadと手帳を併用することで実現できたタスク管理方法です。あなたにとっては別の方法のほうが合っているかもしれません。しかし、もし現状でタスク管理がうまくいっていないのなら、これから話す内容を一度、試してみてください。★

付箋でタスク管理をしていた頃

多くの先生が、自分の仕事を忘れないように、付箋を使っていると思います。付箋に仕事内容を書き、その仕事が終わったら付箋を剥がして捨てるという、非常にシンプルなやり方です。付箋さえあればだれもが簡単にできるので実践している方が多いのです。僕も昔、付箋を使ったタスク管理を試してみたことがありますが、うまくいきませんでした。付箋にやるべきことを記入し、机の特定の場所に貼っていたのですが、付箋に書いてある内容になかなか手がつけられないまま締め切り日を迎えてしまったり、たくさんある付箋の中に、大切な仕事が埋もれてしまったりして、全く役に立てられなかった記憶があります。

付箋作戦が失敗した原因は2つあります。1つは、タスクの内容を書いた付箋が多すぎて、優先順位が付けられなかったことです。机の上に広がった無数のタスクに追われている自分にとって、どれを優先して片づけるかを考える余裕がありませんでした。★もう1つは、付箋にタスクを書き出

★僕は、自分という人間は、他の先生方と比べると不完全で、どうしようもない存在だと思っています。そんな僕でも、iPadや手帳を使うことで、やっと他の先生方と同列になれたのです。僕が特別仕事が早いスーパーマンなのではなく、iPadや手帳がすごいのです。

★心の中では「どれも締め切り近いしどれも優先だよ！」と思っていました。

しただけでは、すべての締め切り日を頭の中だけで整理することが不可能だったことでした。いっそのこと、だれかに「いまからこのタスクをやってね」と言われたほうが、自分で考えなくても良くなるので楽だなと考えていました。

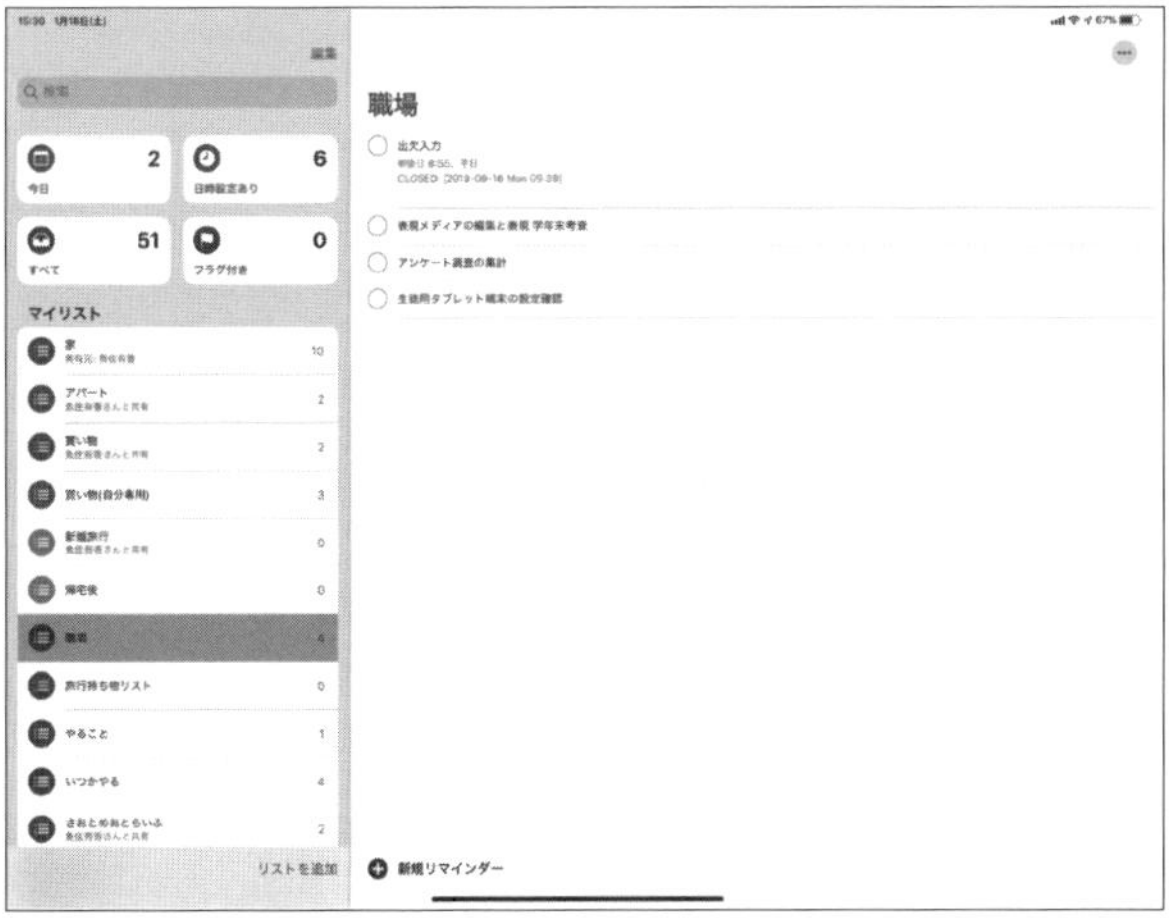

画像 2-2　リマインダーアプリがタスクを通知してくれる

iPadでタスク管理をする方法

そこで活用したのがiPadでした。iPadにもiPhoneにも、「リマインダー」というアプリが最初からインストールされています。リマインドとは、「思い出させる」という意味の単語です。その単語に「er」が付いた単語が「リマインダー(Reminder)」です。やらなければならないことを、やらなければならないタイミングで知らせてくれるアプリです(画像2-2)。このアプリに出会ったとき、自分には足りない能力を補ってくれるアプリはこれだ！　と喜んだものです。通知の時間さえ設定しておけば、自分がやらなければならない仕事をやるべきタイミングで知らせてくれるのです。紙の付箋に書いたものは、自分でやるタイミングを決めたら忘れずに覚えておかなければなりませんが、あらかじめやるべきことをiPadに登録し、通知する時間を決めることで、その時間になったらiPadが教えてくれるわけです。

リマインダーの良いところは通知だけではありません。Appleが用意したクラウドサービス「iCloud」を通してiPhoneやMacと同期することで、iPhoneやMacから登録したタスクをiPadからも確認することができます。「あ！　あれやらなきゃ！」と思いついたタイミングでいずれかのデバイスから登録しておけば、iPadからもiPhoneからも通知を受け取れるのです。僕はiPadを使っていないときは大抵はiPhoneを手にしているので、iPhoneを使っていても同じ内容の通知を受け取ることができます。さらに、Appleが販売している腕時計「Apple Watch」でも通知を受け取ることができます。iPadやiPhoneを手に取らなくても、手元の時計でやるべきことを思い出し、実行できるのです。自分専属の秘書がいて、その人から「いまからこの仕事をやる時間ですよ」と教えてもらえるようなものです。仕事がうまく進められないのなら、一度リマインダーを使ってみることをおすすめします。

ただし、リマインダーはあくまで特定の時間になったら項目（タスク）名を通知してくれるだけのアプリです。どの仕事をどのタイミングで取り組むかを決める作業は自分でやる必要があります。この「どの仕事をどのタイミングで実行するかを決める」という作業が、タスク管理の肝なのです。これについてはあとで詳しく説明します。

タスク管理＋予定管理＝スケジュール管理

授業はすべて「予定」

教師の仕事の中で、日中のほとんどの時間を占めるものは、授業です。また、授業の他にも担任であれば朝の会やホームルーム、放課後には職員会議や学年会議があります。これらはすべて「予定」です。予定とタスクは「行動」という意味では同じですが、少し性質が異なります。始まりの時間が決まっているものが「予定」、決まっていないものが「タスク」です。★

そして、タスク管理と予定管理を統合したものが、一般的に「スケジュール管理」と呼ばれているものです。どのタスクをいつ実行するかを考える際は、実行したい時間帯に予定が入っていないかを必ず確認しなければなりません。予定とタスクがブッキングしてしまえば予定を優先せざるを得ず、タスクが後回しになってしまうからです。

授業の予定は「スクールプランニングノート」で

次に、僕が「予定」を管理している方法を紹介します。使うものは、「スクールプランニングノート」です。スクールプランニングノートとは、学事出版が毎年販売している教師のために作られた手帳で、時間割がベースのフォーマットなので学校生活におけるスケジュール管理がやりやすいのです（画像2-3）。僕はこのノートがあるからこそ、スケジュール管理ができています。iPadでも

★一日の中で予定がたくさんあれば、人は「忙しい」と表現しますし、予定がなくてもやるべきタスクが多ければ「忙しい」と判断するでしょう。

パソコンでも、最近はカレンダーのアプリが充実してきていますが、学校の時間割に完全に対応したアプリを僕はまだ見たことがありません。

学校という場所は非常に特殊で、何時に始まって何時に終わるという区切りが、一般的な区切りと異なるのです。さらには曜日や日程によってもチャイムが鳴るタイミングが異なります。以前、授業の予定をすべてGoogleカレンダーに登録してスケジュール管理を試みたことがありました。通常授業の登録はそこまで苦労しませんでしたが、7限のある曜日だけ午後から5分短縮という変則的な条件や、特別時間割の時間帯のためだけに予定を繰り返す設定を変えたりすることが非常に困難でした。それなら最初から紙媒体で1~7限までの枠の中に予定を書き込んだほうが早いという結論に達したのです。

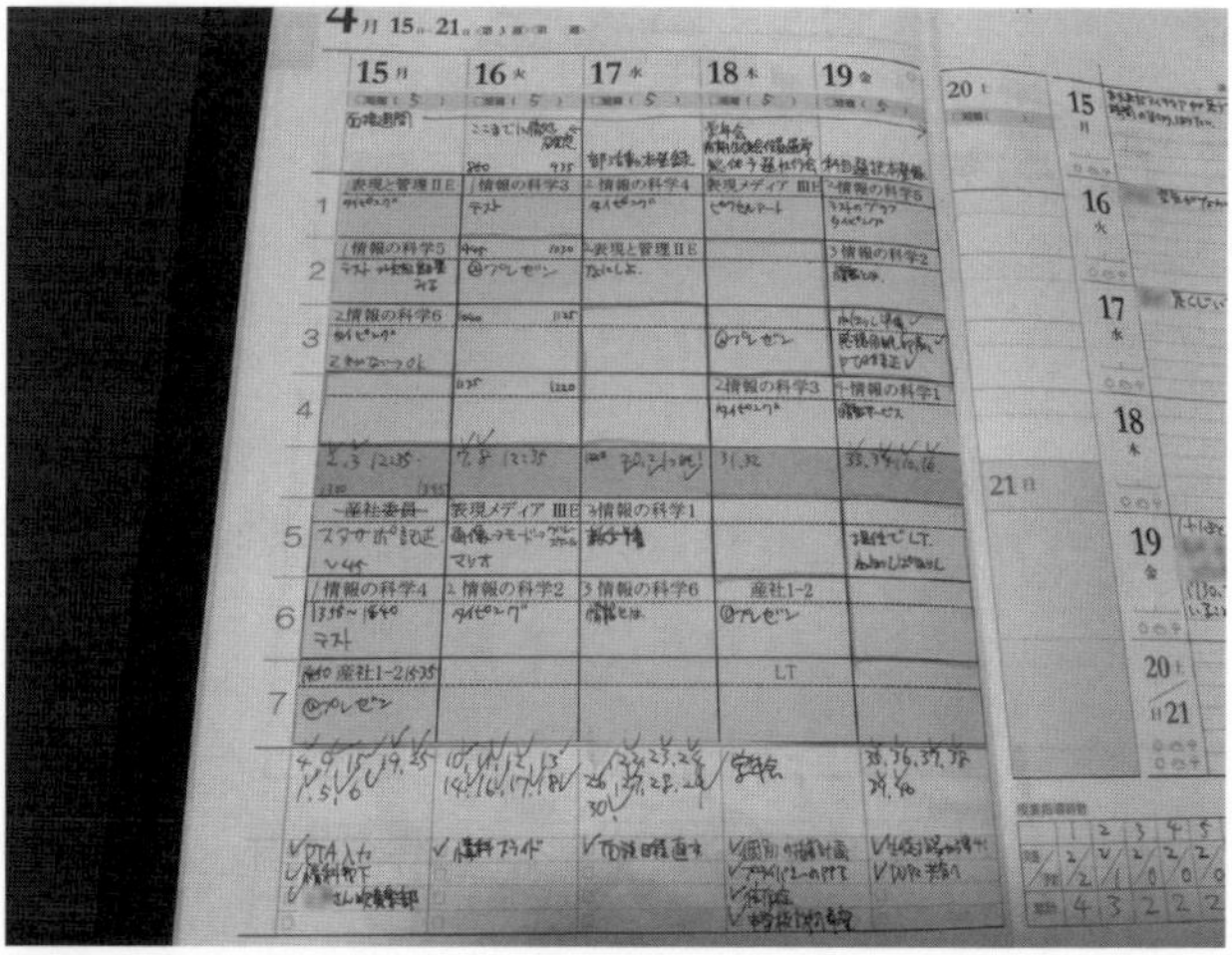

画像2-3　スクールプランニングノート（週間ページ）

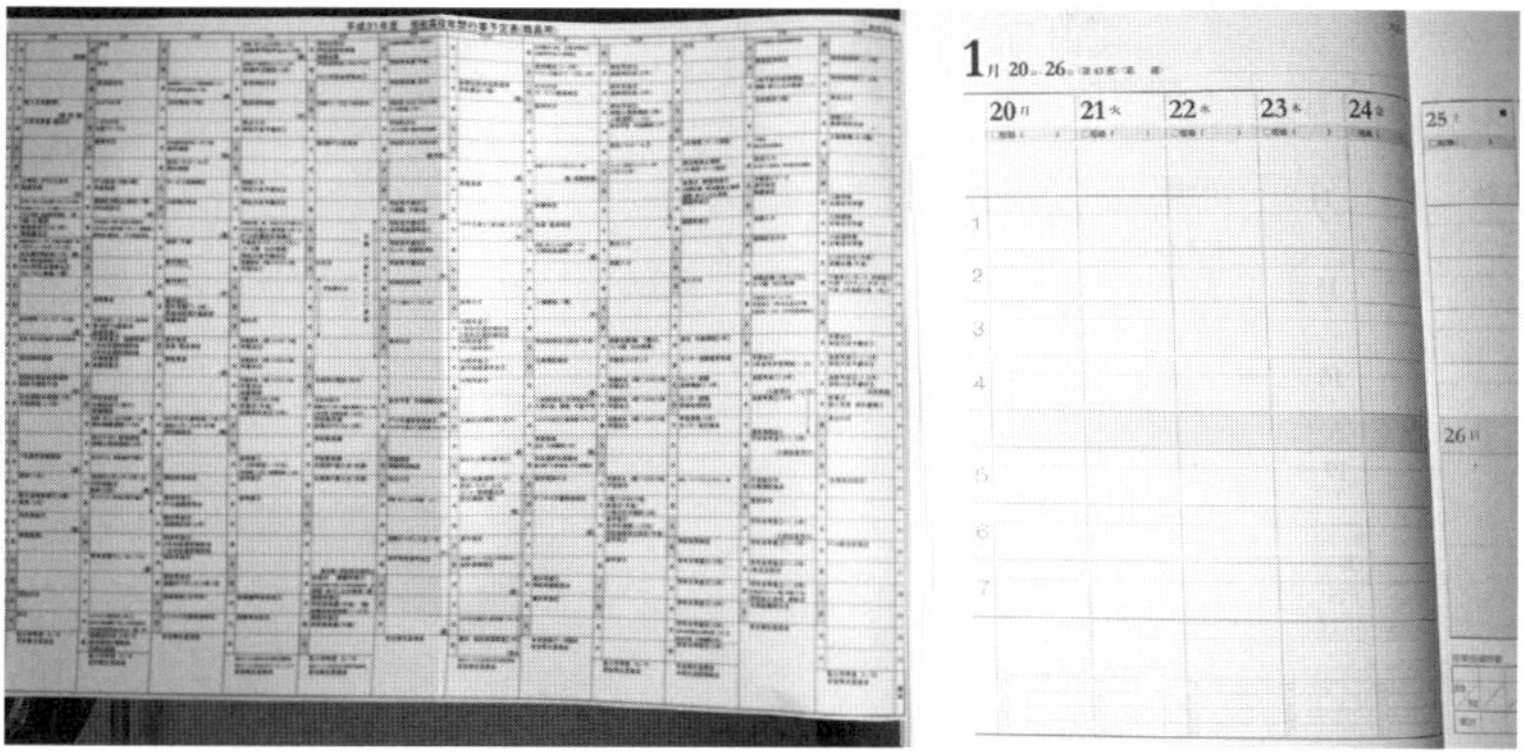

画像2-4　年間行事予定表を広げて見ながら週の予定が立てられる

スクールプランニングノートが優れている点

スクールプランニングノートが最も威力を発揮するのは、主に週間単位での授業計画です。どの日程でどの科目が何回目の授業なのかを正確に把握することができるのがスクールプランニングノートの強みです。多くの学校では主に出席簿や考査の素点記録のために教務手帳が配られますが、書き込む欄が狭くて、日々の記録には向いていません。一方、このノートでは未来の予定を立てることと、日々の記録を取ることが一冊でできるのです。★

このノートの最初のほうには、「ペタペタボード」という少し厚めの色紙のページが用意されています。これは、年度中に何度も参照する資料をのりで貼るためのページで、ここに年間行事予定表を貼ることで、その週に行われる学校行事を確認しながら週間計画表に予定の詳細を書き込むことができるようになります（画像2-4）。

例えば高校の場合、3日間に渡る学校祭の中の体育祭は、体育の授業としてカウントされます。また、学校祭

★もちろん何月何日に何の予定があるのかを確認するだけならiPadのカレンダーアプリやGoogleカレンダーでも良いんですが、その行事に割り当てられたコマ数などを考えると、スクールプランニングノートのほうが都合が良いのです。

準備の期間は、ホームルームとしてカウントされたりもします。そういった細かい授業カウントの内容まで対応したアプリケーションは、未だに存在しません。いずれは細かいところまで対応したデジタルツールが登場するかもしれませんが、現時点では紙の手帳に軍配が上がるのです。特に球技大会や体育大会が雨天により別の日程に延期になった場合などは、デジタルよりも紙で予定を管理しているほうが、修正がかなり楽です。デジタルのカレンダーアプリの場合は「授業」という予定を登録し直さなければなりませんが、アナログである紙の手帳なら二重線で消して修正するだけで済みます。僕がもしiPadだけのスケジュール管理に固執してしまっていたら、いま以上に面倒な作業に時間をかけなければならなかったことでしょう。

スケジュールの組み立て方

スケジュールの組み立て方――①午前と午後に分ける

いよいよ、僕がどうやってスケジュールを管理しているかについて説明します。先に手順を述べると、①スクールプランニングノートで予定を確認し、②どのタスクをいつ実行するかを考え、③iPadにタスクを登録する、という流れです。ここでは、よくあるように「いつでもいいけれどいつかやらなければならない仕事」がいくつか入ってきた場合を想定します。

２０１９年度の僕の持ちコマ数は、「情報の科学」２単位が６クラス、「情報の表現と管理」２単位が１クラス、「表現メディアの編集と表現」２単位が１クラス、「産業社会と人間」２単位が１クラス、さらにクラス担任なのでロングホームルームが１単位、合計19時間（１コマの授業は50分）

です。これに授業時間内にある会議を入れて、20時間です。現任校は月曜日と木曜日が7限まであり、火曜日と水曜日と金曜日が6限までなので、1週間で32時間あります。32時間から20時間を引いた12時間がいわゆる空き時間です。

つまり、僕の空きコマ数は一日平均2～3コマです。担当している授業や会議の時間帯に、他のタスクを実行することは不可能なので、この空き時間にいかにタスクをこなしていくのかということになるわけです（画像2-5）。

おまけの章に詳しく書きますが、エネルギーが体中にみなぎっている午前中は、身体も心も元気な状態となり、仕事がはかどります。そこで、午前中は、普段ついつい後回しにしがちな仕事をすることにしています。エネルギーが満ちあふれていると、良いアイデアも浮かんできます。

＜午前中におすすめの仕事＞

・クリエイティブな仕事（教材研究・教材作成など）
・文章を考えるような仕事（文書の作成など）
・集中力を要する仕事（Excelのマクロを組むなど）

一方、午後はエネルギーが午前中より少ない状態で仕事をしなければなりません。疲れているときはあまり頭が働

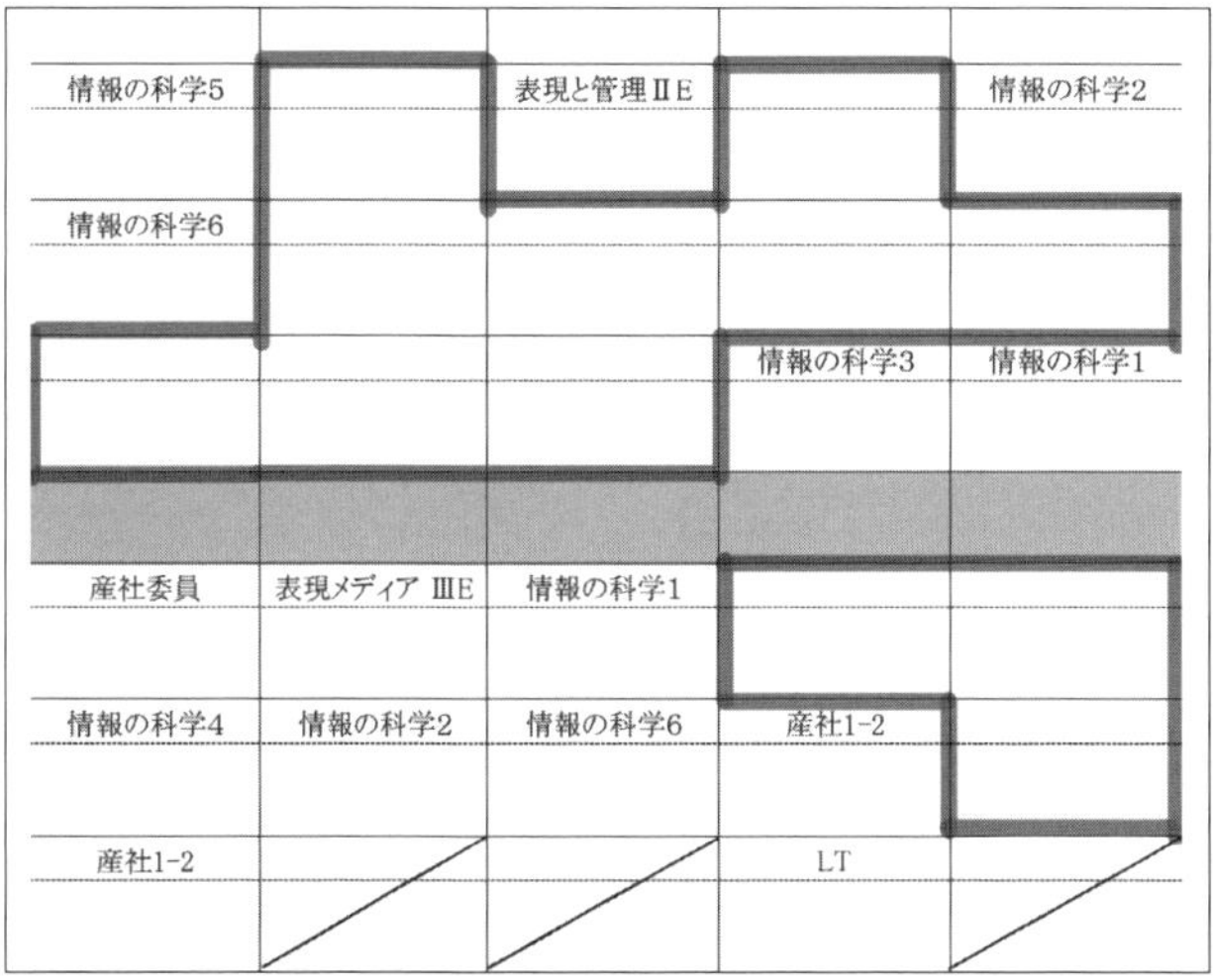

画像2-5　週の空き時間は一日平均2～3コマ

きません。集中力は続かないし、「自分は疲れている」と自覚しようものならば、モチベーションも下がります。そういうときは単純作業をするのに向いています。★

＜午後におすすめの仕事＞

・単純な作業（生徒の課題にチェック済のスタンプを押すなど）

・ぼーっとできる仕事（プリントを大量に印刷するなど）

つまり、アイデアが浮かんでくる午前中に単純作業を入れてしまうと、発想が活かされず損をするばかりか、午後が非常にしんどくなるのです。

このように、一日のタスクを把握した上で、自分の体力を意識しながらタスクを午前と午後に振り分けておく。これを仕事に取りかかる前にやっておくだけで、効率はかなり上がります。

生徒の前では常に元気な姿を見せなければならない教師の仕事というのは、常に良いコンディション、高いモチベーションが求められます。生徒たちから「先生、今日疲れてる？」と心配されないためにも、是非、自分の体力を意識した生活を取り入れてみてください。★

スケジュールの組み立て方――②セクションに区切る

頭を使うタスクと使わないタスクで午前と午後に振り分けたあとは、さらにその中での順番を決めていきます。僕は一日を5つのセクション（ひとかたまり）に区切ってタスクを実行しています。それぞれのセクションの中でどんなタスクを実行しているのか説明します。

★愛知県の学校では、一部の学校を除いて50分の授業を午前に4コマ、午後に2コマ行います。時間数で考えたら午前中は結構体力が減ります。

★午後にエネルギーがかなり減ったなと感じたら、その日は早めに帰宅して、ただひたすら体力の回復に専念することをおすすめします。翌日のコンディションがぐんとあがります。

【出勤から朝の打ち合わせ開始まで】

まずは、手帳（スクールプランニングノート）を開いて、今日一日のスケジュールを確認します。通常授業であれば、各授業でどんな内容を話すのかを週間計画表に書かれたメモを元に、頭の中でシミュレートします。その中で「あ、他のクラスでこの授業をしたときに、この説明もしたほうが良かったな」と思うことがあれば追記していきます。もし通常授業と違って学校行事が行われるなら、その行事の要項をEvernoteで開いて確認します。

【午前の空きコマ】

午前中は頭が働きやすい時間帯です。授業の内容を考えたり、今後の計画を立てたりと、先のことを考える時間帯に当てます。また、頭が冴えているので、Excelのマクロなどのプログラミング的要素を含むような複雑なこともこなせる時間帯です。ちょっとこの仕事はしんどいなと思うような仕事も進めることができる最高のタイミングなので、少し大がかりなタスクに手をつけます。

中でも最もおすすめしたい仕事は、次の日の授業準備です。今日の授業で教える内容は朝把握しているはずなので、一日の力が余っているこのタイミングで次の日の授業について考えるのです。朝来てすぐに今日の授業について考えているので、脳も「授業モード」になっていて、良い授業の案が自然と沸いてくるものです。

【午後の空きコマ】

午前中に頭を使って仕事をして昼食をとったからか、眠たくなる時間帯です。集中力も午前中ほど続かないでしょう。この時間帯では単純作業をするべきです。課題にスタンプを押す作業や、出欠席の確認などの、あまり複雑な思考を必要としない雑務をこなす時間としてうってつけです。それでも眠気がとれない場合は、学校施設整備指針によって作られた休憩室で仮眠を取るべきです。★作業効率が落ちて眠気と戦う時間と化してしまうのであれば、思い切って仮眠を取ったほうが、このあとの時間帯で作業効率が上がるのです。

【授業終了から午後5時まで】

この時間帯は、部活の顧問であるかどうかで時間の使い方が変わってきます。あなたが部活の主顧問を任されているなら、帰りのショートホームルームを早めに終わらせて、だれよりも早く体育館やグラウンドなどの活動場所に足を運ぶべきです。なぜなら、最初の集合に顔を出し、最低限の指示を出してから職員室で仕事を進めるほうが、最後にだけ顔を出すよりも生徒にとって「先生が部活を見に来た」と印象に残りやすいからです。

もしいまがテスト週間で部活が休みの期間であったり、副顧問という立場で部活から遠のいていたりする立場であれば、午後の空きコマに取り組んでいた単純作業の続きをすべきです。きっとこの時間帯は肉体的にも精神的にも疲労感が溜まっているはずです。身体に限界が来たなと思ったら無理をせず、年休をとってでも帰るべきです。

【午後5時以降】

勤務時間が終わりました。しかし、部活が6時半までだったりするなら、勤務時間が終わっても仕事が残っている時間帯です。きっと顧問を任されている先生たちは身を粉にして職務に従事していることでしょう。これまでなら、部活のあとに次の授業の準備に取りかかるところですが、その作業は午前中に済んでいます。この時間帯にはもう複雑な作業ができなくなっているので、午前中に準備したプリントをクラス分印刷するといった単純作業の続きをします。それが終わりさえすれ

★もし休憩室で休養を取ることに抵抗があるなら、トイレに足を運んだり、階段を無駄に上り下りするだけでも眠気が少し取れるので試してみてください。

ば帰宅してよいのですから、単純作業に対してのモチベーションもある程度維持できます。余力があれば次の日の授業の予定を確認したり、学校行事の要項をチェックしたりしてもよいでしょう。

スケジュールの組み立て方――③人から依頼された仕事の場合

皆さんは仕事に優先順位をつけていますか？　「教師の仕事」と一言でいっても多岐にわたります。自分が所属している分掌で割り振られた仕事、授業の準備、課題の点検、学年の仕事もありますね。言い出したらキリがありませんが、教師の仕事のほとんどは受動的に引き受けた、人に言われたからやらなければならないものです。

人から頼まれた仕事には、関わる人や仕事の大きさによって差はあるものの、一定の期間があり、締め切りが存在します。

例えば、4月1日に4月15日締め切りの「年間学習指導計画の提出」という仕事を受けたとします（画像2-6）。あなたはすぐに取りかかりますか？　それともあと15日あるからと、別の仕事に取りかかりますか？　ここで例を出した年度はじめという時期は、本当に多くの作業をしなければならない時期です。新しいクラスの座席表は作らないといけないし、出席簿に名簿を切って貼るという地味な作業もあります。教室に掲示する初回の授業の案内も用意しなければなりません。ああもう、思い出すとキリがありません。そんな中で引き受けた「年間指導計画の提出」というタスクを、あなたはどのタイミングで実行しますか？　多くの先生は「年間指導計画の提出期限は4月15日だから、まだ取りかからなくても間に合うだろう」と考えるかもしれません。

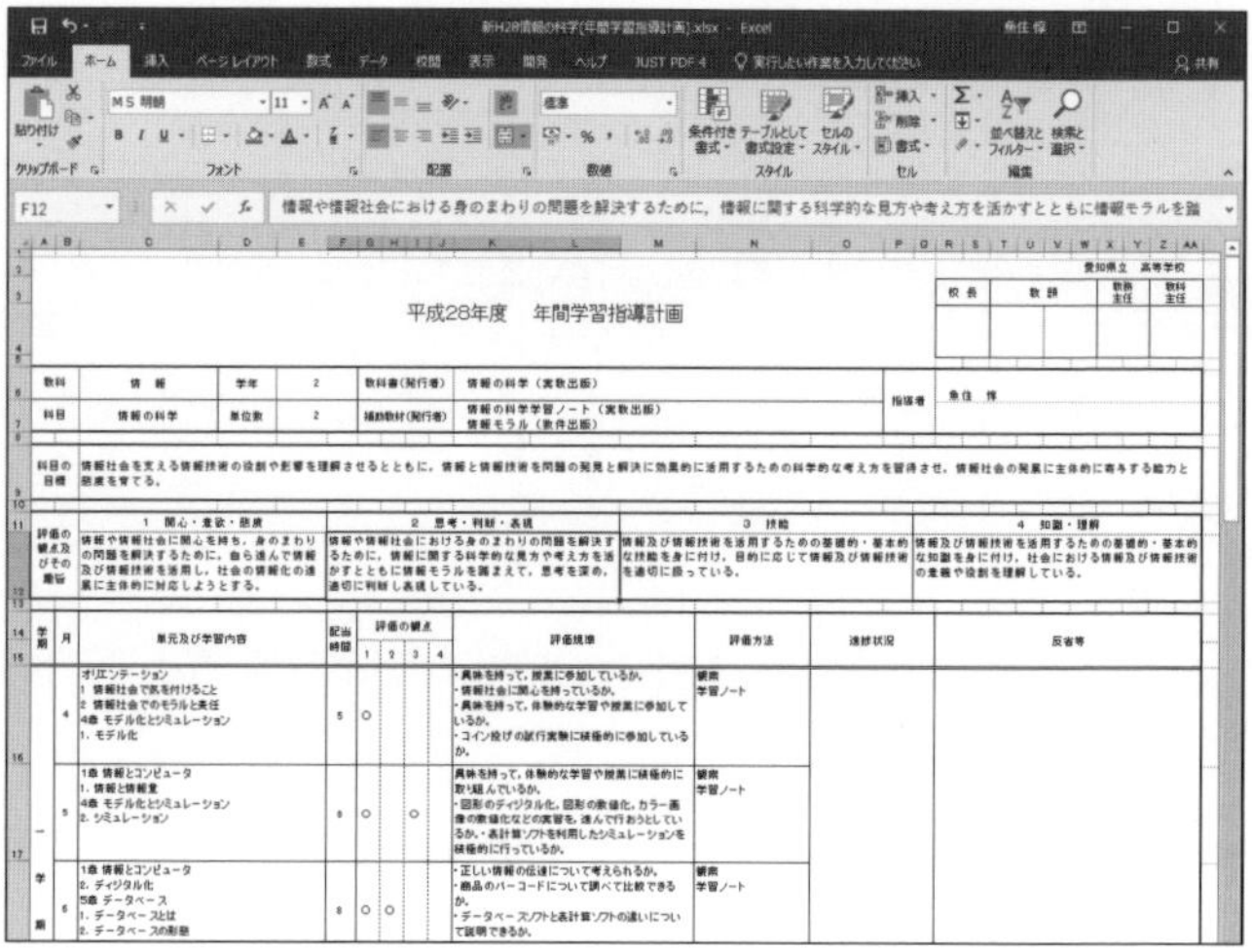

画像 2-6　年間学習指導計画の作成

もしこう考えるあなたが、4月15日までのスケジュールをほぼ完璧に把握し、その他の作業もどんな日程で進めていくのかを計画済みなら何もいうことはありません。しかし、いかに完璧に計画を立ててあっても、この期間の中で別の予定が急に入らないとも限りません。部活で3年生の最後の大会の調整のためにつきっきりになることもあれば、担任として面接週間の最中で、毎日のようにクラスの生徒の面談に追われるかもしれません。

　では、この「年間指導計画の提出」というタスクを実行するベストなタイミングはいつなのか。それは、その仕事を引き受けた4月1日です。受け取ってから締め切りまでは確かに15日間という時間はあるものの、その中で実際に作業ができるタイミングを考える、つまり見通しを立てることができたとしても、突発的なことには対応できません。4月1日の時点であれば、やらなければならない作業はあっても1学期が始まる前ですから、全校生徒も登校してきません。仕事というのは、提出日よりも、もらったその瞬

★このタスクを実行する上で僕は、昨年度の年間指導計画に反省点を反映させ、訂正し、今年度版として印刷し直すという手順を踏みます。ゴールはA3の紙に印刷して教科主任の先生に提出することです。ただ、年度の数字を変更するだけではダメで、多少なりとも加筆や修正を加えなければなりません。そこそこ時間がかかる作業です。同じ科目を複数人で担当するなら、押印のために回らなければなりません。となると非常勤講師の方も集まる4月最初のタイミングのほうが早く終わるのです。この作業を4月14日に始めたのでは間に合いません。

間のほうが取り組みやすいものなのです。

早く取りかかればいいことばかり

以上のことから、仕事を進める上で、タスクを実行するタイミングで最も効率が良いのは、受け取ったその日だということがおわかりいただけると思います。早く取りかかれば、締め切り直前に慌ててやるよりも余裕をもって取り組むことができますし、問題点に気づくのも早くなり、他の先生方に相談することもできます。相談の結果「ここは難しく考えなくてもいいよ」などと助言をいただけるかもしれません。

一度この順番で仕事をするようになると、だれよりも早く書類を提出することにもなるので、「はやっ、もう終わったの?」と言われることもしばしばあります。もしミスが発覚したとしても、修正する時間は十分にあります。「魚住先生、まだ終わってないの?」と言われるよりよっぽど心が安定します。

引き受けた仕事は、受け取ったその日に取りかかるようにしてみてください。

タスクをスムーズにこなすコツ

面倒くさい仕事を振られたら…

もしあなたが、目の前の仕事に対して面倒だと強く感じたとしたら、それは仕事の手順ややり方を改善する絶好のチャンスです。

「面倒だ」と感じるということは、自分がこの仕事に取り組む意味があるのだろうか？　と疑問に思っているということです。★ 僕は、「面倒だ」と感じる仕事に出くわしたら、とりあえず「どうしたら作業量を減らして同等の効果を得ることができるのか」を考えます。そして、あらゆる方法を考えた上でこのやり方が効率が良いだろうという方法を選んで取りかかります。例えば、計算を伴うような書類の作成であれば、Excelで関数やマクロ（計算の自動化）を組んだ方が早いのか、それとも今回は手作業でやり、夏休みなど時間がとれそうなタイミングでマクロに取り組むべきか。こうしたことを繰り返し考えては実行することで、どのようなやり方が最も効率が良いのかわかってくるのです。★

常にスラック（余裕）をもつ

コンピュータも人間も、本来は一度に複数のタスクを実行することはできません。コンピュータの世界では、「マルチコア」といって、人間に例えると脳に該当する部品内に複数のコアを搭載して同時に複数のタスクを実行できるようになりましたが、コンピュータがいくら進化したとしても、人間は進化しておらず、未だにシングルコアのままです。

つまり、人間はいくら効率を上げて作業をしたとしても、同時に複数のタスクを実行することは困難なのです。では、同時に複数の仕事をしているように見える人は一体何をしているのかというと、複数のタスクを作業内容ごとに細かく分解して、織り交ぜながら実行しているのです。★ 一見、

★「面倒だ」と感じる別の要因としては、他の人がやった方が早く終わる可能性が高いのになぜか自分に振られてしまった、というパターンもあります。

★ただでさえ教師の仕事は、僕からしてみると「なんでこんな効率の悪い方法でやってるの？」と思えることが山ほどあります。教師のICT活用が推進されるこの時代に、「コンピュータは信頼できない！」と言いながらExcelに入力した点数を元に、電卓を使って平均点を算出している先生を見たことがあります。学校祭の会計報告をすべて手書きで進めている人も見たことがあります。僕はそういう光景を見てショックを受けました。

★コンディションが高い状態ではそれも実現できますが、必要以上に体力を消耗することにも繋がるので、僕はあまりおすすめできません。

物事を同時に進めているように見えますが、実際にはその瞬間その瞬間に、何か一つだけのことに集中しているわけです。

仕事を進める上で重要なのは、マルチタスク能力よりも「スラック」、つまり「余裕」です。教員の仕事というのは、常に突発的にタスクが山のように割り込んできます。集中して作業したいと考えているときに自分宛の電話が鳴ったり、生徒が職員室を訪ねてきたりします。以前僕が非常勤講師として勤務していた私立高校では教員の休憩時間を重要視していて、お昼は13時にならないと生徒は職員室に入室できないというルールになっていましたが、すべての学校でそのようなルールになっているわけではありません。休み時間であろうが放課後だろうが、突発的なタスクと生徒はどんどん割り込んでくるものです。★

ではこの割り込みタスクに対して、どのように対応するのかというと、答えは非常にシンプルです。常に割り込みタスクが発生しても良いという気持ちの余裕をもって仕事をすることです。授業が入っていない時間であっても、常にだれかから話しかけられる可能性があるということを意識しておくだけでも、少しは余裕が出てくるものです。

そして、割り込みタスクが発生するという前提で、スケジュールを立てることです。具体的には、自分の空き時間の予定を立てるときに、このタスクもあのタスクも、この時間に終わらせよう！　という無茶な計画にならないよう、ある程度の余裕をもたせてスケジュールを立てておくのです。

★タスク管理用語では、このようなタスクを「割り込みタスク」という名前で表現します。この割り込みタスクというのは、どうしても起こってしまうのです。

来年度の自分のために

仕事というのは、だれかのためにするものです。しかしときとして、未来の自分のためにする仕事もあるのです。★

例えば、今日の授業で配ったプリントで、「来年はもっとこう改善したほうが良いな」というアイデアを思いついたとしましょう。しかし、これを来年まで覚えておくことは記憶力的にほぼ不可能です。それならば、来年の自分、またはいまの学年でその単元を教える自分のために、プリントの改善というタスクを思いついた瞬間に実行することをおすすめします。

方法は以下です。そのプリントが保存してあるフォルダ内に「未来の自分へ.txt」などと名づけたファイルを作っておいて、未来の自分へのメモを残しておくのです。1年経つ頃にはそのメモの存在も忘れていますから、その内容を読んだときに「過去の自分よ、ありがとう！」

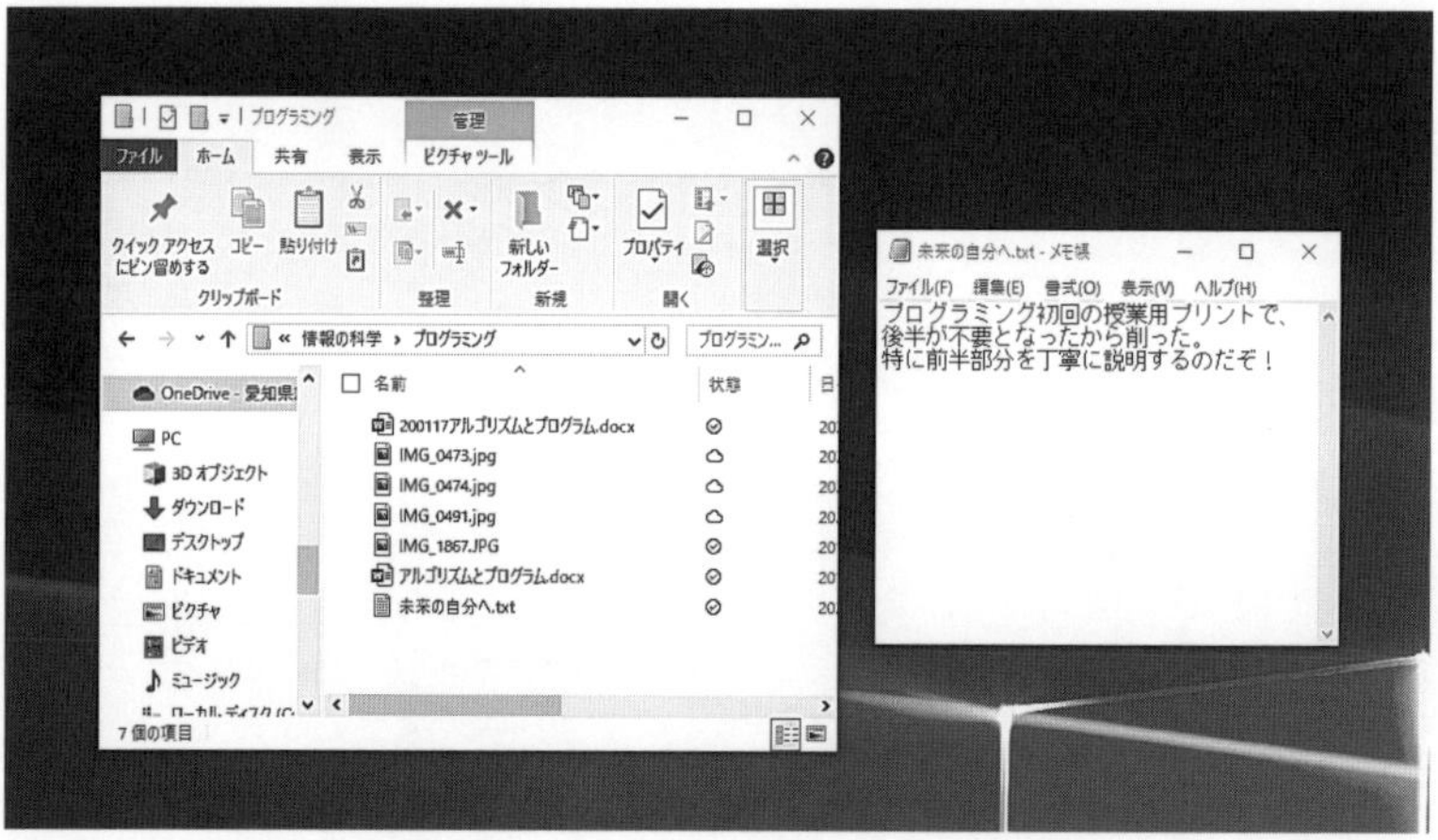

画像 2-7　未来の自分へのメモを残しておく

★プログラマーの世界では「一ケ月前の自分は他人」という名言があります。どういう考え方でそのプログラムを組んだのかを第三者に伝える想定で、プログラムのコードの中にメモを残すのです。だれが見てもわかりやすいプログラムを作るというのがプログラマーの腕の見せ所の一つではありますが、その他人宛のメモが自分にも役に立つのです。

という気分になれます（画像2-7）。

年度末に来年度用のファイルをコピーしておく

今年度最初の成績処理をする場面を思い浮かべてください。1学期末考査が終わった。採点もノート点検も終わった。いまからその点数を入力して5段階で評定を算出する……。そんなとき、今年度版のExcelファイルを用意していなかった！　となると、いまからやることは、素点の入力ではなく、今年度版の成績処理のExcelファイルの作成です。

頭の中で考えていたタスクよりも前に、一つ余分なタスクが割り込んできました。せっかく成績処理をやろうと思って答案を机に用意したのに、いますぐ入力を始めることができません。今年度版のファイルを作るためには、前年度のExcelファイルを今年度のフォルダ内にコピーして、名簿を今年度のものに更新し、すでに入っている前年度の素点を消さなければなりません。特にクラスの人数が前年度と異なる場合は、関数や計算式で参照している範囲を変更する必要も出てきます。もうここまで考え出してしまったら、成績処理どころではなくなってしまいます。しかし、担任の先生がクラスごとに行う成績処理があとに控えているため、早めに評定を算出し、成績不振者を把握しなければなりません。

テストの答案を採点して、ノートを点検して、さらにそのあとにExcelファイルを今年度バージョンに作り変えて……その疲れた頭で点数を入力して5段階で評定を算出するのでは、ミスにもつながります。

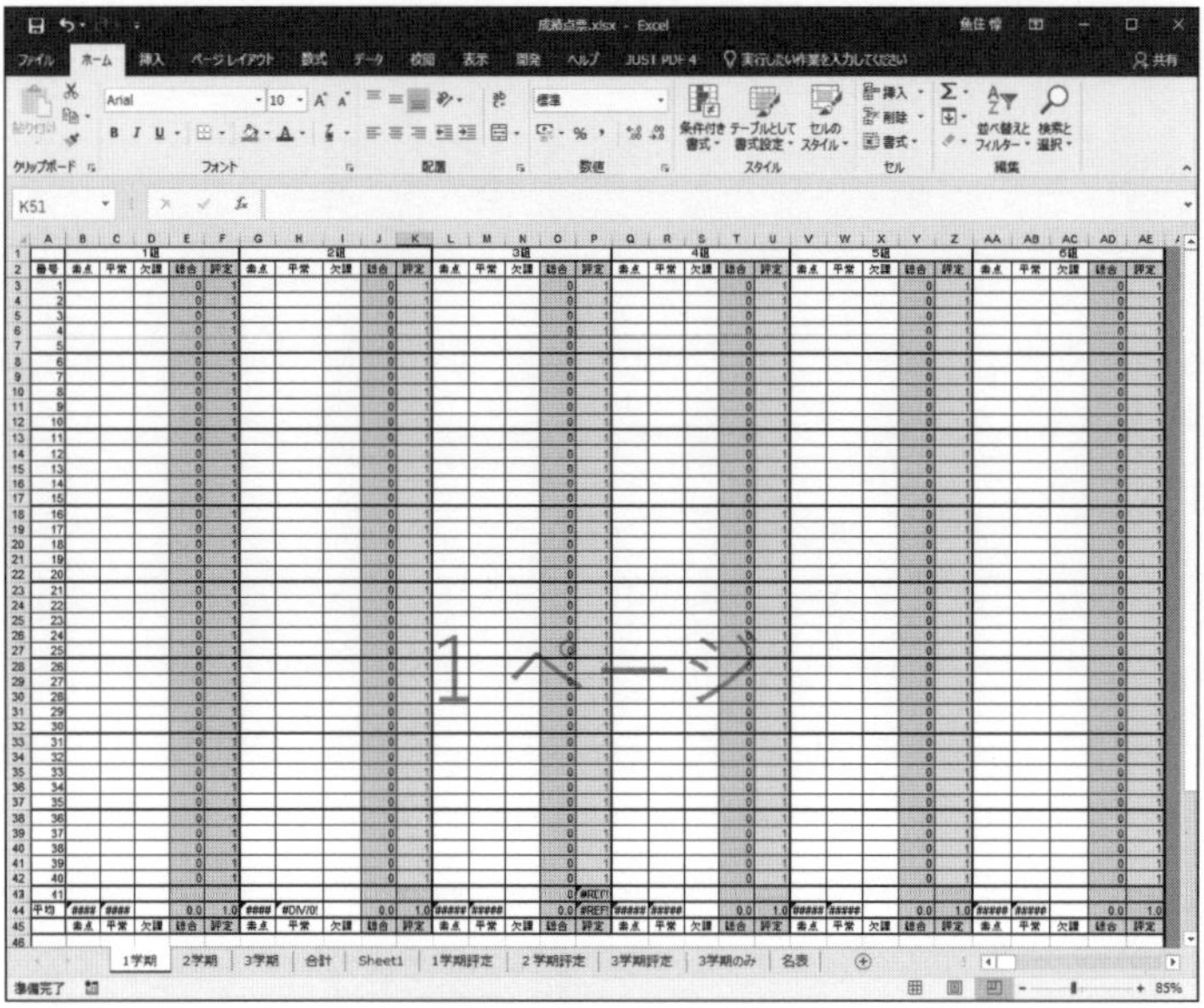

画像 2-8　前年度末に用意しておいた成績処理用のファイル

このような事態を防ぐために、年度末に来年度の成績処理用のExcelファイルを作っておくことをおすすめします。「過去の自分よ、ありがとう！」となること間違いなしです。この感謝の連鎖を自分の中で繰り返すことで、自分自身のことも信頼できるようになります。この作業に向いているのが年度末であったり、長期休業中の期間だったりします（**画像 2-8**）。

ちなみに画像2－8の様式は前任の先生が作成したファイルです。組み込まれている関数やマクロを把握した上で、感謝の気持ちをもって再利用させていただいています。

コラム

inboxがうまくいかない理由

「新しく入ってきた仕事はとりあえずこの箱に入れる」というルールを作っている人は多いと思います。「インボックス」または「未処理ボックス」という箱を用意して、期限の書いてある書類をどんどん入れていき、その中にあるものから手を付けていくという方法です。終わったら別の場所に移動させていくことで、箱の中に書類があれば仕事があり、箱の中から書類がなくなれば仕事がない、と認識することができます。

僕もこれまでの勤務先で、この手法を取り入れて仕事を進めてみたのですが、なぜかうまくいきませんでした。ここでは、なぜインボックス方式が機能しないのか考えてみようと思います。

仕事を進める手順を考える際に、よくGTDを参考にする人がいます。GTDとは、デビッド・アレンが考案した情報を処理するワークフローです。このワークフローの最初に「インボックスに情報をすべて入れる」というルールがあるのですが、教員がこれを真似して、提出期限が書かれた公文書などを特定の箱に入れていく作業をしてしまうと、先ほど話したような落とし穴に陥ることになります。

教員ならではの原因として、インボックス（つまりタスク）がその箱以外にもあちこちに存在しているという現状があります。もしも教員がこなすべきタスクがすべて書類のみでやりとりされるならこの方法でもうまくいくでしょう。しかし、教員の仕事は書面で通知されるものだけとは限りません。口頭でお願いされたものや、不在時に自分の机上に貼られた付箋に書かれたメモ、授業を進める上で必要な教材研究など、様々なものがあります。

コラム

提出期限が書かれた書類だけを整理しても、すべてのタスクが完了しませんし、他のタスクに追われていては書類に手を付けることがままならないのです。

僕は当時、インボックスに書類を入れただけで終わった気になってしまい、授業の準備だけをやっていました。箱に書類を入れて仕事を受領しただけである程度満足してしまい、箱の中身を片づけることにまで目が向かなかったのでした（それでも授業の準備に追われていたので、いつも自転車操業の状態。その上「この前の書類まだ出てないよ！」と言われるのですから、生きた心地がしませんでした）。

インボックスを設置すること自体は良いアイデアだと思います。ただし、これを行うためには、受け取った書類だけでなく、口頭で頼まれたことや授業の準備、さらには部活動関係の手続きなど、多岐に渡るタスクをすべてリストアップしなければなりません。つまり、インボックスに書類を入れるだけではタスク全体が把握できないのです。他の先生から書類の提出を催促された頃には、きっとやらなければならない書類がインボックスにたまっていることでしょう。

付け加えておくと、ＧＴＤのワークフローでは、「2分以内に片づく仕事はその場で処理する」というルールがあります。これには僕も非常に賛成していて、なるべくそうするようにしています。むしろ教員の仕事において時間をかけるべきなのは、本来やるべき仕事。例えば、「教材研究」や「期末考査の問題を作成する」などのタスクがこれらに当たります。

3

授業の効率的な組み立て方

第2章ではタスク管理やスケジュール管理について書きました。この章では、教師の本分である授業について、どのようにiPadを活用したら良いのかを書いていきます。

授業・考査の計画とテスト採点効率化

授業の進め方

僕が担当している情報という教科は、普通科では必履修科目となっています。現行の学習指導要領では「社会と情報」と「情報の科学」という2科目が設定されており、どちらかの授業を高校では行っています。★

現任校では「情報の科学」を1年生で2単位、6クラスで展開していて、全クラスを僕が担当しています。前任校から「情報の科学」を担当してきたので、教材研究の貯蓄がある程度あり、地区の情報科研究会に参加して情報共有をしながら、その内容を毎年アップデートし続けています。

自分にピッタリなタスク管理方法を実践し、スクールプランニングノートでのスケジュール管理も板についてきた僕が次に行ったのが、授業管理です。

定期考査から逆算して予定を立てる

現任校の1年生で担当している「情報の科学」で説明します。2単位で、1年間で終わる科目です。中間考査は実施しないようにしているので、考査は1学期と2学期の期末考査と3学期の学年末考査、年に3回実施します。前任校時代と多少の差はあるものの、それぞれの学期で進める単元の範囲が、僕の中で固まりつつあります。多くの先生方は考査の範囲を、授業で進められたところ

★次期学習指導要領からは「情報Ⅰ」と「情報Ⅱ」に変わります。「情報Ⅰ」には「社会と情報」には含まれていなかったプログラミングが盛り込まれており、次の時代の子どもたちは全員が高校でプログラミング教育を受けることで話題となりました。「情報Ⅱ」は「情報Ⅰ」の続きとなる科目で、データサイエンスや機械学習などを学ぶ内容となっています。

までと考えているところですが、僕の場合は期末考査、つまりゴールから考えるようにしています。

毎年1年生の4月から3月まで、ほぼ同じ内容の授業を行うので、どの時期にどんな内容の学習を進めるのかという予定が立てやすいのです。例えば、4月の始めに1学期に進める授業の大まかな内容を考えるとします。僕がまず確認するのが、昨年度の1学期に実施した期末考査です。昨年度に自信をもって作成して実施した期末考査の問題をこのタイミングで見てみると、「あ、この問題はこうすればよかったな」といった具合に改善案がいまになって出てきます。そこで考えた改善案を元に、今年度は進めていこうという方針を立てるわけです。

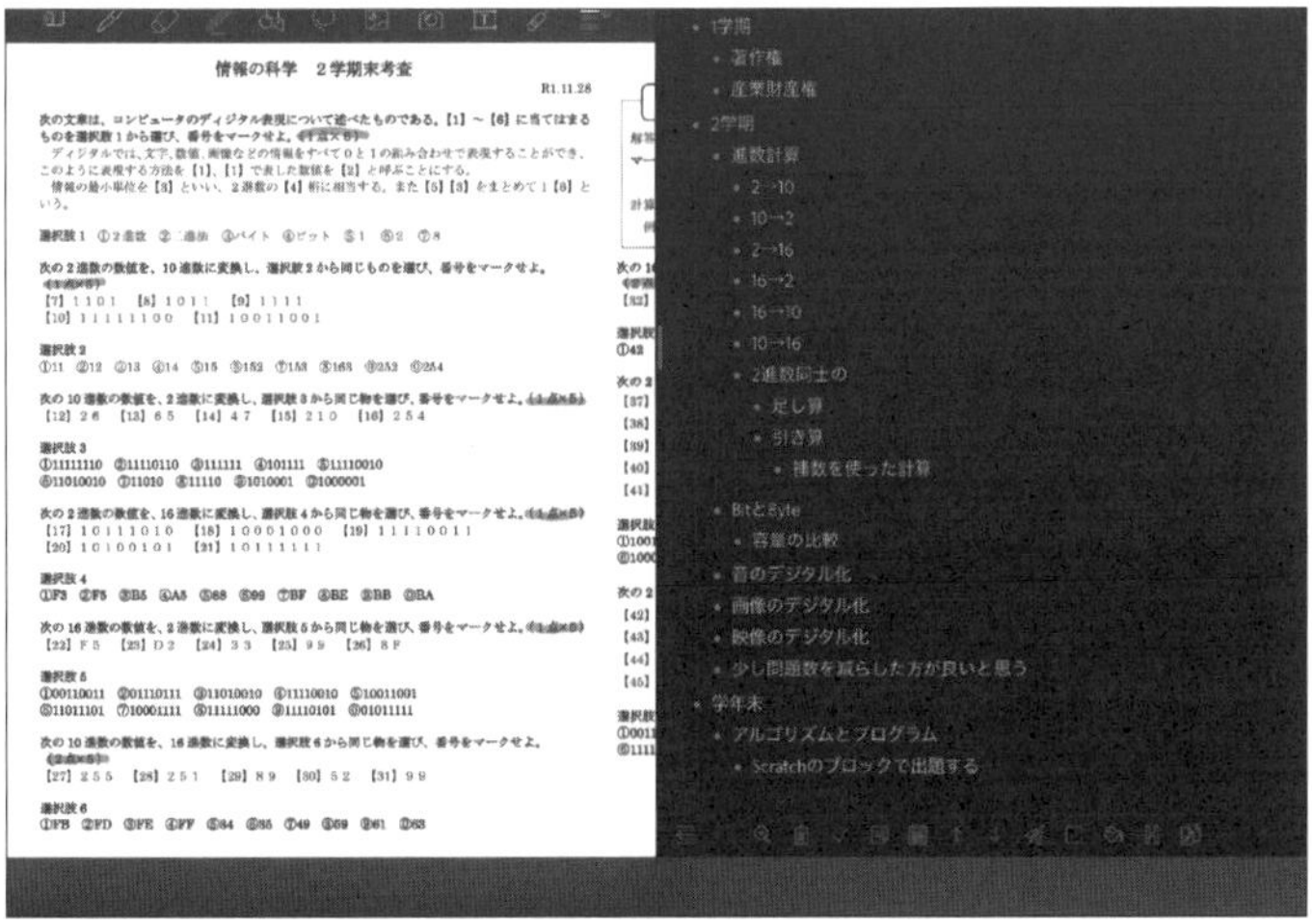

画像 3-1　昨年度の考査問題（左）を見ながら授業計画を立てる（右）

昨年度の考査問題に改善点を加えたものができたとします。この時点ではまだ、改善したい部分に朱書きした程度のものです★（画像 3-1）。次に確認するのは、昨年度に使用したスクールプランニングノートです。僕は普段から、スクールプランニングノートの週間計画表の欄に、どのクラスのどの授業の時に、どこまで進めて、

★すでに「期末考査の問題を作成する」というタスクが始まっているわけですが、この段階で一旦止めておきます。

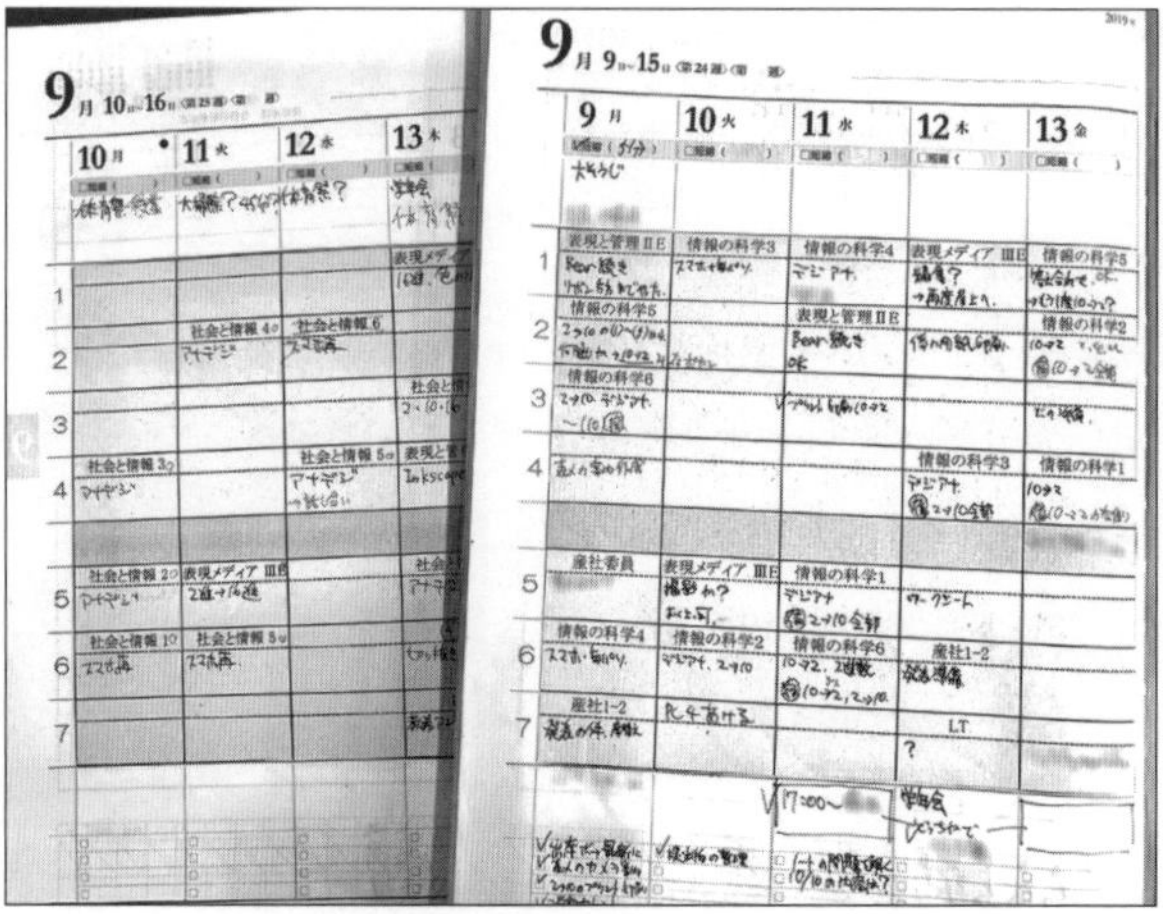

画像 3-2　昨年度の手帳を参照しながら進度の感覚を思い出す

次の授業はどこから始めるのかを必ず書くようにしています。授業の始めに「前回はどこまで進めたっけな」と思うことを防ぐためでもありますが、「この時期にこの分野をこの回数で進めた」ということを次年度に振り返るためにも記録をつけています。

昨年度の記録を見ていると、どの単元が大体何回目の授業で終わるかとか、ゴールデンウィークまでにどこまで進められていたかといった、進度の感覚を思い出すことができるのです。ここで取り戻した進度の感覚と、先ほど仮として作った期末考査の内容を照らし合わせて、改善案を反映させた期末考査が可能かどうかを考えながら、授業を進めていくわけです（画像 3-2）。

つまり、僕にとって学期中に進める授業の内容というのは、すべてが期末考査ありきなんです。もし学期のはじめに立てた予定が間に合いそうにないのなら、改善案の部分を省略することで調整することもできますし、逆に昨年度よりも進められそうなら、更に新たな範囲を追加します。この考え方で進めていくことで、「期末考査を作成する」

というタスクに取りかかりやすくなりますし、問題の内容をより良いものにアップデートすることが前提となったので、毎年毎年、良いテスト問題へと改善することができるようになりました。

テストはマーク方式で実施する

この章をお読みいただければわかると思いますが、僕はコンピュータが行えるような作業を人間が時間をかけてやることに非常に疑問を感じています。ですから、紙に書かれた答案に手作業で丸をつけていくテストの採点業務は、人間である教師がやるべきだとは思いません。文章の添削など、機械が採点することができない分野もありますが、期末考査で出題する内容のほとんどは正解か不正解かハッキリわかるものばかりです。

この採点業務を効率化するために、「情報の科学」の期末考査は、マーク方式で行うようにしています。

従来の、厚紙に印刷されたマークカードを読みとるためには、光の反射で読みとる専用の機械が必要でした。しかしここ数年で、Ａ４の用紙に印刷したマークシートを画像処理で判定できるソフトウェアが数多く売られるようになりました。それを購入すれば、高価な専用マークカードを購入しなくても、Ａ４のコピー用紙に印刷したマークシートで採点ができます。更に、第1章で紹介したドキュメントスキャナと併用して使えば、大量のマークシートの読みとりも短時間で終わるようになりました★（画像3-3）。

スキャナでマークシートを読みとり、ソフトで採点をするようになって、採点業務が本当に楽に

★現任校の1年生は40人×6クラスの240人が「情報の科学」の期末考査を受けます。240枚の紙におよそ90回○×をつけるのです。その後にはノート点検というタスクと、成績処理というタスクも控えている状況で、とても期限内に終えられる気がしません。それに、せっかく高価なドキュメントスキャナを導入したのですから、活用しないと宝の持ち腐れです。

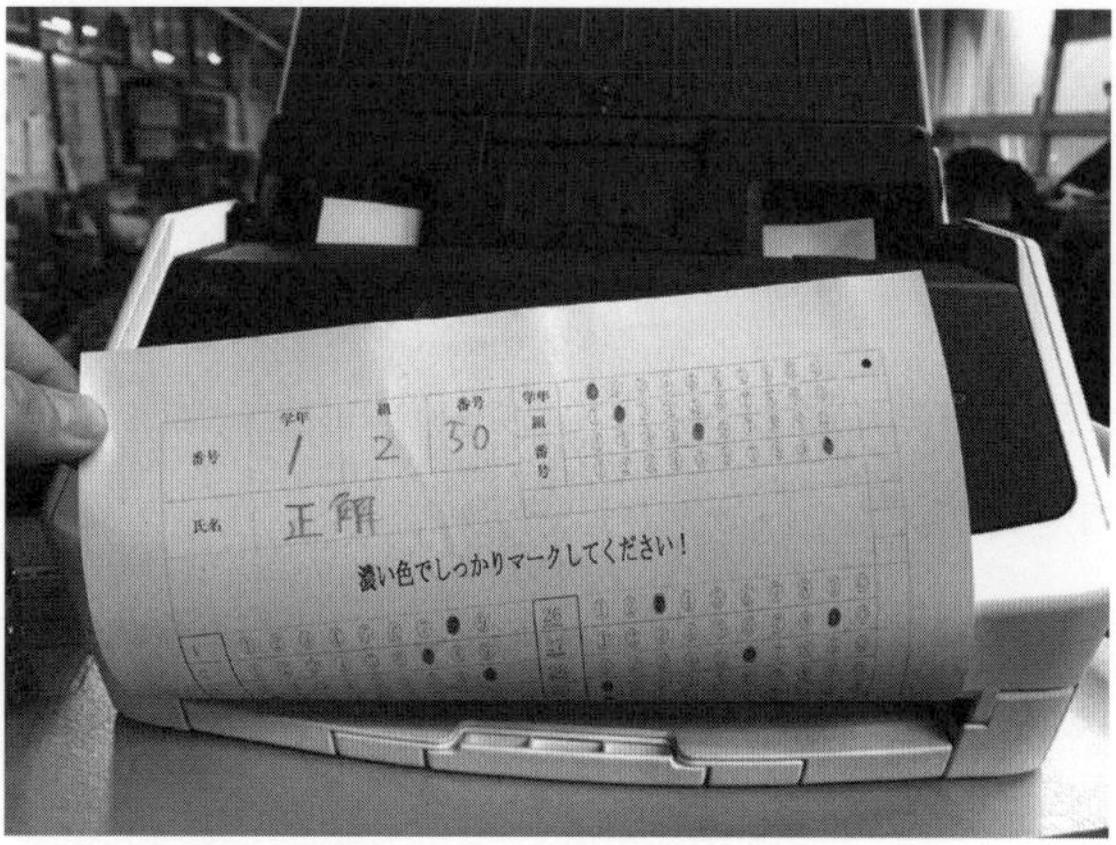

画像 3-3　スキャナと専用のソフトでマークシートを読みとれる

なりました。240人分の採点が、約2時間で終わるようになりました。テスト最終日に自分の教科があっても、次の日の授業までに余裕で終わります。パソコン上で採点が終わると生徒の点数がCSV形式で保存されるので、それを見ながらマークシートに点数を赤ペンで書いていきます。★

人間の手で採点するとなると、正解か不正解かを判断し○×をつけ、合計を数えた上で点数を書かなければなりません。人間という生き物は、連続で作業をすればするほど疲労が溜まり、ミスを起こす生き物です。その代わりとなるコンピュータは、どれだけの採点を命令しても、嫌な顔一つせず作業を行ってくれます。途中で疲れたり、「もう嫌だ！」と投げ出したりしません。テストの答案を返却する際は、生徒に自分の解答と模範解答を比べさせて、コンピュータが判定した点数が合っているかどうかを確かめてもらっています。★

全ての定期考査がマーク方式になるとは流石に考えられませんが、センター試験対策の問題を出題する場合や、記号問題だけで定期考査を作成した際に活用することで、教員の代わりにコンピュータが採点してくれるという感動が得られるはずです。

★ここだけは「僕は人間だけど、仕方ないからいまからプリンタになってやるか」という気持ちで作業します。

★まれに採点ミスを申し出る生徒がいますが、よくよく確認してみると、生徒が点数を数え間違えていることがほとんどです。僕の手で自ら採点業務を担っていたら、更にエラー率は上がったことでしょう。

黒板からプロジェクタの時代へ

黒板を写すのは、デメリットのほうが大きい

ここから先は、iPad を日常の授業で活用する方法についてお話ししていきます。

第1章で、情報を保管する媒体は必ずしも紙でなければならないなんてことはない、ということをお話ししました。そんな僕が授業に対して効率化を図るとすれば、まず気になるのは授業を行う教室のデジタル環境です。

２０２０年現在は、情報社会の真っ只中です。人から人へ情報を伝えるということを手書きのみで行うことは、スマホが当たり前のこの時代にはとても非効率的です。しかし、なぜか未だに黒板とチョークを使った授業がほとんどです。

そもそも、黒板が日本に普及したのは明治時代。１８１０年にフランス人によってアメリカに伝えられたブラックボードが、１８７４年頃から明治の学校制度に合わせて全国に広がりました。この頃から名前が翻訳されて「黒板」に変わりました。★

ただ情報の内容を伝えるだけであれば口頭による説明だけで済むはずですが、それだけでは授業の内容を理解しづらいということから、文字に起こして内容を視覚的に捉えるようになったわけです。しかし、その方法が、なんと１４０年もの間、変わっていないのです。

僕は黒板とチョークそのものを否定しているのではありません。問題に思っているのは、情報を伝えるために黒板を使うことです。教師がチョークを使って、頑張って黒板に内容を手書きで写す。

★出典：株式会社　馬印「黒板の話」
https://www.uma-jirushi.co.jp/story

この行為です。これは言ってしまえば、教師がプリンタと同じ仕事をしているようなものです。芸術系の教科であれば、先生が書き進めていく姿そのものが見本となる場合もありますが、ほとんどの教科では、教師がチョークという名のインクを手にとり、自らプリンタとなって情報を黒板に印刷しているようなものです。だれでも書けるような内容を手でいちいち板書するくらいなら、プロジェクタで投影するほうが遥かに楽で効率的です。

問題はそれだけに留まりません。教師が黒板に手で書いていくのを見ながら、子どもたちも紙のノートに手書きで追記していきます。内容を伝えるがために、先生が黒板に内容を記述し、生徒は黒板に書かれた文字を一語一句丁寧に書き写すわけです。なんて時間がかかり非効率的な作業なのだろうと思ってしまいます。「情報を提示し、生徒に記録させる」方法は、2020年現在、他にもいろいろあるのです。

プロジェクタを常に活用する環境が理想

この「情報を提示し、生徒に記録させる」という活動にかかる時間を削減する方法は、2つ考えられます。

1つは授業前にプリントを作成し、授業で配付する方法です。すでに多くの先生方がやられている方法だと思います。教科書で一通り説明をしたあとにプリントに書かれた問題演習を行い、答え合わせのときに黒板を使って解説をする—といった進め方です。

そしてもう1つはプロジェクタを活用する方法です。僕が大学時代に受けてきた講義はほぼすべての授業がPowerPoint等のスライドでした。学生はプロジェクタからスライドに投影されたものを見ながら先生の話を聞く─というスタイルです。スライドの内容が印刷されたプリントが授業の最初に配付され、必要があればそこにメモをとっていきます★。

授業中は先生が話している内容を理解することに集中し、あとで復習する際に資料やノートを見る。学習を進める上で、この流れが最も記憶に定着します。その一方で、小中高校で行われている多くの授業では、教師が黒板に手で書いた内容を、生徒が一生懸命ノートに書き写しています。紙のノートに手書きで記録をするという行為は、記憶に定着させる上では効果的といわれています。しかし、僕はそれを授業中に行うべきではないと考えています。帰宅してから授業の内容を復習する際に、理解できていない内容があったらその時点で止まってしまい、家庭での学習そのものが進まなくなるからです。たとえ授業の内容を忘れてしまっていても、人は一度理解した内容であれば思い出しやすいものです。生徒の中には、授業中に内容を理解することを後回しにして、とにかく黒板に書かれた内容をノートに書き写すことに集中してしまう子がいます。その生徒は、内容を理解するべき時間に「黒板コピー機」となって必死に作業しているため、授業の内容が頭に入っていません。復習しようとしてもわからないことばかりで、やる気も失っていくことでしょう。

以上のことから僕は、授業を進める上では次のことを留意するようにしています。

・授業中は、生徒に内容を理解してもらうことを一番の目標とする
・教材はあとからいつでも見られるように、プリントも含めてウェブ上にアップロードしておく

次の項では、授業内の時間のロスを最小限に抑えながら、iPadから授業に使う教材すべてにアクセスできるように工夫し、更には生徒も同じ教材にアクセスできるようにする方法についてお話します。

★僕の大学時代の学習環境は、いま思えば理想的な環境でした。内容が詳しく書かれたメモ付のスライド資料は、よく学生の間でコピーが出回ったものです。

iPad で教材を持ち歩く

教材をすべて iPad に入れる

僕は「GoodNotes」というアプリの中に、授業で使う教科書や副教材のＰＤＦファイルをすべて入れています。★ iPad の中にすべて保存すれば、教材を何冊も教室に持って行く手間を省くことができます。自分が使うすべての教材が iPad の中に入っているのですから、授業中に、職員室に追加の教材を取りに戻ることもありません。

また、保存してある内容を iCloud で同期できるので、iPhone からも開くことができて便利です。多くの教科書の場合、指導書にＤＶＤが付属してあり、その中に教科書と同じ内容のＰＤＦファイルが同梱されているので、それらのファイルをクラウドストレージサービス等を通して GoodNotes に送って読み込めば、わざわざ裁断してスキャンする手間も省けます。★

僕の授業では常にプロジェクタを使っています。プロジェクタには常に AppleTV を接続しているので、ワイヤレスで iPad の画面をスクリーンに投影できます。スクリーンに GoodNotes の画面を映せば、生徒は手元の教科書とスクリーンを交互に見る必要もありませんし、教科書を忘れてしまっても授業の内容に集中できます。何より便利なのは、僕が授業中に「ここ重要だよ！」と説明しながら下線を引いていく様子を、生徒がリアルタイムで見られることです。線を引いたり印をつけたりする場所がスクリーンに大きく投影されて、教科書の中のどの部分について説明しているのかが一目で把握できます。

★初任者の頃、iPad に教科書を入れて授業をしていることを同僚の先生に話したところ、「それは著作物を不正にコピーした、著作権法違反だ」と言われました。その先生も情報を教えている方で、著作権についても大変詳しかったので、念のため調べることにしました。ＣＲＩＣ公益社団法人著作権情報センターの著作権テレホンガイドに電話し、教師が授業で使う教科書の内容を個人持ちのタブレット端末に取り込み、授業で生徒に見える形でスクリーンに投影しても大丈夫かどうかを確認しました。その結果、個人のタブレット端末を仕事に使って良いかを職場で確認する必要はあるものの、自分が所有している教科書を自分で裁断し、スキャナで取り込むことは合法で、それをスクリーンに投影するのも合法だと言われました。ただし、スクリーンに投影するなら、同じ内容の教材を生徒も購入していることが著作権法の例外の範囲内に入るための条件でした。

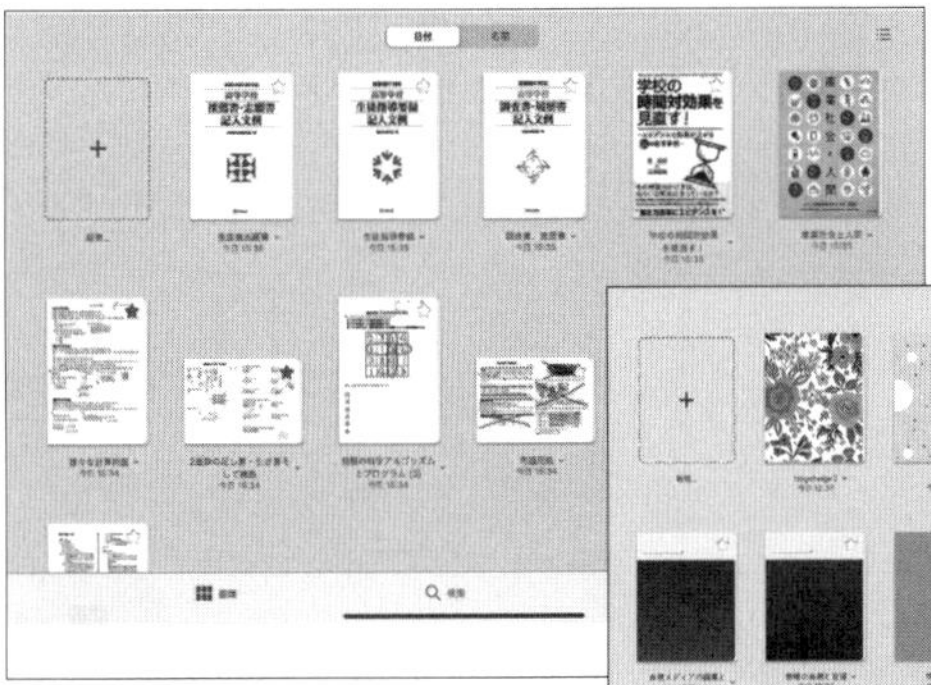

画像 3-4　GoodNotes にファイルを保存

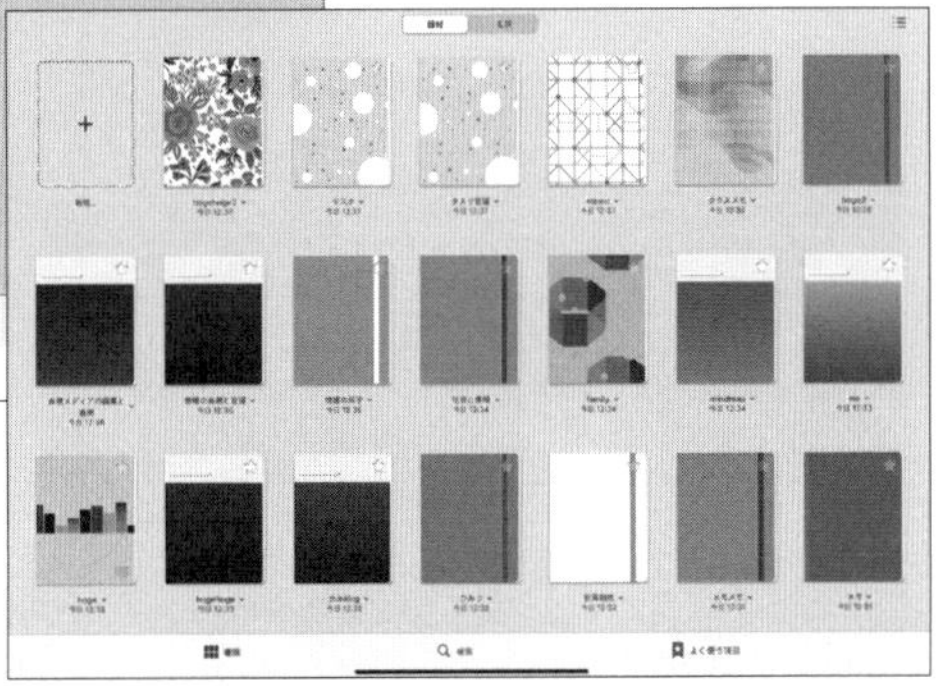

画像 3-5　GoodNotes の中にノートも作成できる

なぜ「GoodNotes」なのか？

iPadには、以前から手書きのノートを再現するアプリが数多くリリースされていました。主に読み込んだPDFに注釈を入れたり、白いページにスタイラスペンで書き込めるようなものです。僕はこのようなアプリをまとめてノートアプリと呼んでいます。★

数多くあるノートアプリの中で一押しなのが、「GoodNotes」です（画像 3-4）。アプリの中にノートを何冊も作成できて、そこにApple Pencilを使って手書きでメモをとることができます★（画像 3-5）。PDFを読み込めば、注釈を入れることもできます。このアプリは2019年1月にバージョン5がリリースされました。僕はGoodNotes 3の頃から愛用していましたが、どんどん使いやすくなってきていて、いまでは手放すことができないアプリの一つとなりました。

ちなみに、EvernoteにもPDFに注釈を付け

★出版社によっては教科書の中に含まれている写真などがPDF版だとグレーに塗られていることもあるので、あくまで教科書の本文を利用する場合などに使うことが前提です。

★アプリごとに特長が違うので購入時に迷うものです。僕もすべてのノートアプリを購入しているわけではありませんが、この手のアプリはリリース時に半額セールを行うことが多々あるので、あとで必要になるくらいなら半額のうちに買っておけと思ってしまい購入することがよくありました。

★2015年にiPad Proが登場したのと同時に、Apple Pencilが発売されました。2007年にiPhoneが登場した際、故スティーブジョブズがプレゼン中にスタイラスペンを使うことに対して否定的な発言をしたことは有名な話ですが、iPad専用のペンが開発されたことで、手書き事情は大きく変化しました。それまで他社製のスタイラスペンで狙った場所に文字を書いたりすることに四苦八苦していたのに対して、純正のペンが発売されたことでそうしたストレスが一気になくなりました。

る機能が用意されていますが、GoodNotes の方が使いやすいと思います。

答え合わせは iPad で

GoodNotes の中には、教科書のPDFファイル以外にも、Word で作成した授業用のプリントをPDFでエクスポートしたものも入れています。こうすることで、答え合わせの時間が効率良く進むからです。黒板での授業の場合、生徒は黒板まで移動してプリントで解いた内容をチョークで書き写します。しかし、僕の授業では指名した生徒にプロジェクタに接続したiPadを渡して、席に座ったままで解答してもらいます。人前で話すことに緊張してしまう生徒も、自分の席に座ったまま書くことができるので、あまり緊張せず解答に集中できます。また、他の生徒たちは、指名された生徒がプリントに解答を書く様子をプロジェクタを通してリアルタイムで見られるのです。生徒が書いた内容はアプリの中に記録されるので、良かった解答方法を他のクラスの授業でも見せることができます。

教科書以外に GoodNotes に入れているもの

教科書等の教材以外にも、取り込んでいるファイルがあります。その一つが学習指導要領解説です。これは、文部科学省のウェブサイトからダウンロードできます。平成29・30年度に学習指導要領が改訂され、解説もアップデートされました。これをすべて印刷するとかなりの厚みの冊子になりますが、ファイル容量としては数メガバイトなので、iPadなら気軽に持ち歩けます。いつでもどこでも学習指導要領解説が読める環境が手に入るわけです。しかも、GoodNotesなら注釈を書いたり、蛍光マーカーで線を引いたりすることもできるので非常に便利です。

教材は常に多めに用意する

授業の準備をしたにもかかわらず、用意した教材が短時間で終わってしまい、授業中に時間が余ってしまった！　なんてことありませんか？　僕の場合、研究授業など緻密に計画を立てなければならないときだけは分単位で予定を立てますが、それ以外は「今日はこれをやろう。時間が余ったときに取り組めるような課題も用意しておこう」くらいの気持ちで余分に準備しています。大雑把な予定は立てておきますが、常に「予定はあくまで予定で、想定外のことも起こるものだ」と考えています。

特に僕が教えている情報という教科は、高校3年間のうちの2単位分しかありません。毎年その学年すべての情報の授業を担当するので、言ってしまえば毎年同じことを教えているわけです。そのため、ＰＤＣＡサイクルが回しやすく、試行錯誤に取り組みやすいのです。★今年はこれを試してみたけど、来年はこう改善してみよう、ということがやりやすい教科です。プリントも毎年のように改善しています。教科書に依存した授業だと教材が変わる度に教材研究を重ねるしかありませんが、大変革でも起きない限り教える分野が変わることはないので、改良すればするほど良い授業ができるようになっていきます。

そのアップデートに欠かせないのが。やはり手帳とiPadなのです。

★ＰＤＣＡサイクルについては、108ページのコラムにも書いています。

生徒の立場で考えてみる

「プリント忘れました」を叱るのは根本的な解決にならない

前回の授業で配ったプリントを、次の授業で忘れてしまった生徒がいるとします。あなたは、その生徒にどう指導しますか？　紙の管理について責任を問う形で指導されるでしょうか。★

僕はそもそも、「紙を大事にする」という習慣を重要視していません。生徒にとって重要なのは紙に書かれた「情報」なのであって、紙そのものではないからです。スマホのカメラで撮影してしまえばその紙は不要となります。したがって、「プリントを大事にしなさい」という指導は行いません。

生徒にとって「ノート」は「情報メディア」

そもそも学習を進める上で、教師が必要なのはなぜでしょうか。例えば、Wordというアプリケーションの使い方を学ぼうと思ったとき、書店に行けば使い方を説明している書籍はたくさん並んでいます。学校で勉強する教科についても同じで、書店にもネットにも参考になる情報は山ほどあります。YouTubeにも勉強を教える内容の動画が増えてきました。このような時代に、教師という存在が必要だといえるでしょうか。

この問いに対して僕は、「教師とは自身が得意とする専門教科を、どの教科書や参考書よりもわかりやすく解説し、生徒に理解を促すことができるからこそ、存在している職業だ」と考えることで、自分を含めて存在意義を見出しています。教科書やプリント等の教材だけでは、その教科の内容を

★LINE等のメッセージアプリがいまでこそ当たり前となっていますが、それまで使っていたEメールでさえ1965年生まれの技術です。半世紀以上前に考案されたメールを古いと感じるこの時代に、「プリントを大事にしなさい」という指導は果たして最先端の考え方に基づいた指導だといえるのでしょうか。

理解するための言葉が足りなかったりするわけです。我々教員は、それぞれ理解の速度が異なる生徒に対してわかりやすく解説し、内容の理解を促すことができるという点に、存在意義があります。

ただでさえ難しい内容を理解した上でその記憶を保持するには、授業の時間だけでは足りません。だから、授業以外の時間で復習をする必要があります。生徒にとって「ノート」とは、教師が話した内容を復習時まで保持するための「情報メディア」にあたるのです。

しかし、授業中、教師の話に耳を傾けずノートをとることばかりに集中していると、家庭で復習する際に内容を思い出せず、「わからん」と止まってしまいます。一度理解した内容なら、「あぁ、そうだったそうだった」と授業中の話を思い出しながら復習することができます。

だから、僕は「少しでも多くの生徒に、この内容を理解して帰ってほしい」と考えながら授業を進めています。

スマホで勉強できたら良いのに…

多くの高校生が毎日使っているメディアといえばスマホです。僕は、いまの時代、勉強もスマホでするほうが生徒にとってもやりやすいのではないかと考えています。未だにスマホ＝勉強の敵としか見ていない人も多くいますが、それはスマホ＝遊ぶものという固定観念に縛られているからではないでしょうか。子どもたちがスマホで夢中になっているのがＳＮＳやゲーム、動画ですから、そう見えてしまうのも無理はありません。しかし、そのスマホで勉強できるようになれば、これまでＳＮＳやゲームに奪われていた子どもたちの勉強時間を取り返すことができるのです。

〝スマホで勉強〟を促進したくて、期末考査の範囲を「Scrapbox」（後で詳しく紹介）のＵＲＬで提示したことがあります。★その代わり、テスト週間中はコンピュータ室を開放し、僕自身もなるべく常駐するように心がけました。このやり方を実施してみたところ、情報の勉強をするために放課後にコンピュータ室に生徒が毎日押しかけてきました。そして、友人同士で教え合うという、良い学びのサイクルが見られました。

「教師はiPadで授業を行い、生徒はスマホで復習する」そんな時代はすぐそこまで来ていると感じています。

生徒に教材を公開する

ノートに書き写す時間は必要か

さて、教科書などの教材をすべてiPadのGoodNotesに入れてプロジェクタで投影することで、生徒は教科書とスライドとを行き来することなく、授業に集中できるようになりました。

次に工夫するのは、生徒が授業中に使うノートです。先程も述べたとおり、生徒の授業中の多くの時間は、黒板に書かれた内容をノートに書き写すことで消費されてしまいます。何度も言いますが、授業中に大事なことは、ノートを正確に書き写すことではなく、内容を理解することであるはずです。

では、生徒はノートをとらなくても良いのでしょうか。そもそもノートをとる理由は、あとで復習する際に、授業の内容を思い出すためです。ということは、授業の内容を思い出せる「情報メディ

★もし内容を紙で欲しい場合は、各自で印刷するように伝えました。

ア」が他にあれば、ノートをとらなくても良いということになります。

そこで僕は、他の先生方が板書している内容に相当するものや、教科書の内容をわかりやすく説明している教材を作成し、それをウェブにアップロードすることで、生徒が自宅のパソコンや自身のスマホから見られるようにしました。教材をすべてウェブ上に載せておくと、生徒が見たいときに、見たい場所で見られます。その結果、勉強に対してのハードルが下がって、隙間時間に取り組むことができるようになったのです。

教材のアップロード先は「Scrapbox」

ウェブに情報をアップロードする手段は様々あります。原始的な方法としては、自分でHTMLという言語でページを作成し、アップロードする方法が挙げられますが、HTMLタグという文字列を文章に入れ込まなければならないのでけっこう手間がかかります。僕は学生時代からブログを書いていたので、ブログ記事として教材をアップすることも考えましたが、自身のブログと教材は分けたいと考えました。

そこで、選んだのが「Scrapbox」というサービスです。

83ページの**画像3-6**がScrapboxのトップページです。フォルダなどの階層構造が一切無く、すべてのページがカード形式でフラットに並んでいます。この見やすさが特長の一つです。

Scrapboxにアップできるのは、「テキスト」と「画像」と「リンク」のみとなっています。動画や音声、WordやPDFのファイルなどは貼れませんが、その分、シンプルで手軽に使いやすいサービスになっています★。

ページの編集も非常に簡単です★。テキストエディタのように内容を書き換えたら、生徒たちが見る画面もリアルタイムで更新されます（画像3-7）。もしこれが授業中に配ったプリントだったら、再度新しいものを印刷し、生徒に配付しなければならなくなりますが、Scrapboxならその必要はありません。

もう一つのScrapboxの特徴は、関連項目間のリンクが設定しやすいということです★。キーワードとなる単語にリンクを設定しておくと、同じ単語にリンクが設定してある他のページも表示されます（画像3-8）。この仕組みを利用して、次のようなことが可能になります。

・教材内のキーワードとなる単語にリンクを設定することで、リンクを設定した単語について補足説明をしたページに飛ぶことができる
・現在学んでいる事柄に関連しているページが芋づる式に出てくることで、学習範囲をどんどん広げていくことができる

これは、学習する生徒の側からすると、とても便利な機能ではないかと考えています。

生徒への公開はＵＲＬを伝えるだけ

Scrapboxで作成した教材は、すべて生徒に公開しています。非公開の設定もできますが、公開設定にすることでＵＲＬを知っている人ならだれもが見られるようになります。この設定をすることで、授業中に活用することはもちろん、インターネットにつながっているパソコンやスマホから

★Scrapboxは２０１６年にサービスを開始したWikiサービスです。WikiとはＨＴＭＬ言語を意識せずにウェブページを作成できるサービスのことで、Wikipediaを始め、ゲーム攻略サイト等の情報を集約するサイトに活用されています。

★YouTubeのＵＲＬを貼れば動画を埋め込むこともできます。それと、LaTex形式に対応しているので、数式を記述することにも対応しています。数学の先生の多くの方は大学等でLaTexを経験されているはずなので、親しみやすいはずです。

★通常のブログなどでは、特定のページへのリンクを設定する際、リンク先のページのタイトルやファイル名を指定しますが、Scrapboxはその必要がありません。また、その単語自体もクリックできるようになっており、クリックしてページを進むと、リンクに指定した単語がタイトルのページにジャンプします。

画像 3-6　Scrapbox のトップページ

画像 3-7
編集及び閲覧画面

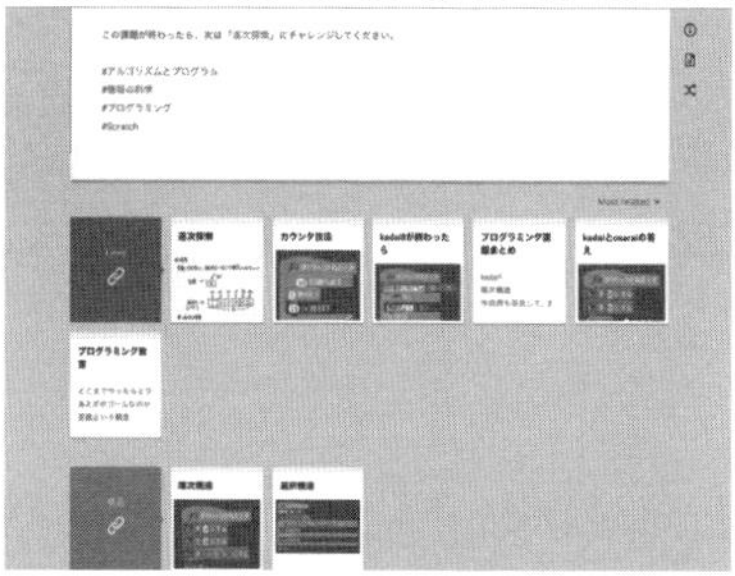

画像 3-8　同じリンクが設定されたページが下に表示される

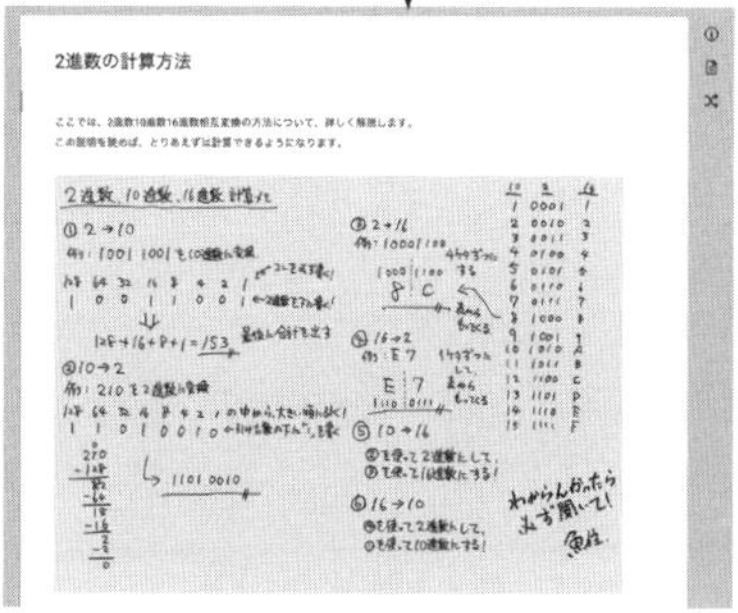

画像 3-9　生徒は自分に必要な知識が載ったページにいつでもアクセスできる

アクセスすることができるようになります。

具体的には、まず、現在受け持っている情報の科学の単元のうち、「進数計算」と「プログラミング」の教材をScrapboxにアップロードしました。進数計算では、2進数、10進数、16進数の考え方を解説するページと、問題を多数用意したページを作成しました。計算方法が頭に入っている生徒は最初から問題演習を始めることができますし、基礎知識がまだ定着していない生徒は、リンクや関連ページから自分に必要な知識が載っているページに移動して学習を進めることができます（画像3-9）。

プログラミングのページでは、基本構造（順次構造・選択構造・繰り返し構造）について丁寧に解説するページと、問題演習のページを作成しました。各問題にハッシュタグをつけたり、ヒントが書かれているページへのリンクを用意し、解き方がわからない時は、リンクのページで確認して、自分のペースで学習を進めることができるわけです。

それでも内容が理解できない場合は遠慮なく学校で質問するように生徒には話してあります。Scrapboxに載せている説明ではわかりにくいと多くの生徒が感じる場合は、授業のあとにそのページに書いた解説をよりわかりやすい表現に書き換えることもよくあります。

電車の中でずっとスマホを使っている高校生を見て、「スマホばっかり触っている」なんて思う方もいるかもしれませんが、僕の教え子に限って言えば、情報の科学の復習をしている可能性だって十分に考えられるわけです。

Scrapbox を使いこなす

〈Scrapbox に情報を貯めていくコツ〉

「この単語は他にもつながりそうだな」と思うものをリンクにしていくことです。リンクの設定は、その単語を範囲選択して「[]」のキーを押すか、「[]」で囲むだけです。これを続けていくことで僕自身驚いたのは、自分が書いたことを忘れていたページが関連ページに出てきて「これも関連していたのか!」という発見があったことです。Evernote に情報を貯めていくだけでは味わえなかった、情報と情報のつながりが生まれていくのを見られるのはなかなか快感です。

〈まめに更新する〉

Scrapbox はトップページにページ一覧が表示され、更新順に並んでいます。新しく作成したページや更新したページが上の方に表示される仕組みです。前に見たページが上の方に上がっていると、生徒も「あ、先生が内容を更新したページか、新しく作られたページだな」と気づくことができます。見てほしい情報が見やすい位置に出てくるのも良いところです。

これを読んだあなたも、是非一度 Scrapbox を使ってみてください。特に英語は、活用の幅が広がると思います。内容を Scrapbox に入れていくと、単語や熟語を解説するページが充実していき、意味や用法を調べるのが楽しくなりそうです。多くの先生が授業で活用することを心待ちにしています。

コラム

階層構造の落とし穴

パソコンにファイルを保存し、管理する際、通常はいくつかのフォルダで階層構造を作り、そこで分類した通りに名前をつけて保存します。この方法がいまではすっかり当たり前となっていますが、階層構造でファイルを管理する方法には2つの欠点があります。

1つは、階層が深くなりすぎると、見たい情報がどのフォルダに保存してあるのかがわからなくなってしまうという点です。皆さんも「あのファイルどこに保存したっけなー」と、手当たり次第にフォルダを開いては戻るという作業を繰り返した経験はありませんか。すべてのファイルがどこかのフォルダに入っているという状態は、見た目はスッキリしていますが、階層構造が深いほど、目的のファイルを探すのに時間がかかるのです。

もう1つは、1章でお話したコウモリ問題です。「このファイルはどのフォルダに保存したら良いのだろうか?」と、ファイルの保存先として該当するフォルダが複数ある際に起きる問題です。哺乳類でありながら翼ももっているコウモリは、哺乳類のフォルダに入れたら良いのか、それとも鳥類のフォルダに入れたらよいのか、分類することができないのです。すべての情報を階層構造で管理しようとすると、こうした問題が起きてしまうのです。

このようなことを避けるために、パソコンにファイルを保存する際は、「階層構造で情報を分類し、目的の情報を階層を頼りに探す方法」と、「階層構造を一切作らず保存し、検索やリンクで目的の情報を探す方法」という2つの方法が用意されているのです。ちなみにEvernoteは前者で、Scrapboxは後者です。この2つの考え方の違いを利用して情報を保存し活用すると、情報を活用する効率がぐっと上がります。

4

アイデア・アウトプット法

教師の仕事はクリエイティブなものばかりです。授業の準備や教材研究等はどれだけやっても終わりがありませんし、新しいアイデアを出さなければならない仕事も多いです。

この章では、アイデアを必要とする仕事について、いかに効率を上げるかということに焦点を当てたテクニックを紹介します。

アイデアが浮かぶ仕組み

人間の脳は順番通りには考えられない

レポートや論文、書籍など、人は多くの文章に触れながら生活しています。それらの文章は内容に順序があり、上から下まで目を通すだけで内容が把握できるような作りになっています。ところが、人間という生き物は不思議なことに、順番どおりに読める文章を、すんなり書き出すことができない生き物なんです。余程の訓練や経験を積むことでできるようになるかもしれませんが、普通の人間に順番通りに文章を書くことは、ほぼほぼ無理な話なのです。★

日常会話を想像してみてください。話の内容が二転三転することは多々ありますし、人によってはさっきと言っていることが違うということもよくある話です。これは、話している途中で他のことを思いついたり、忘れたりすることで起こる現象です。つまり、1・2・3の順番に考えなければならないことがあったとしても、いきなり2のことを思いついてしまったり、3のことを考えてしまったり、1のことがなかなか思いつかなかったりします。この特性のことを知らずにいると、1・2・3の内容を考えなければならないときに、「1についての考えが全然浮かばない。どうしたらいいんだろう……」と焦ってしまい、自分の能力が低いと勘違いして自分を責めてしまいます。文章を書かなければならないのに、なかなか作業が進まない。良い言葉が見つからない。文章を書くという作業は非常にクリエイティブな仕事ですが、苦手な人にとっては本当に辛いものです。

このことは、生徒が書く感想文や小論文にもいえます。僕が授業内で文章を書く課題を出した際、

★教員という職業をしていると、文章を書くという作業が結構な頻度で出てきます。

いつまで経っても書き始めることができずに困り果ててしまっている生徒を何度も見たことがあります。決してサボっているわけではありません。文章が頭に浮かんでこないのです。時間は刻々と過ぎていき、残り時間は短くなっていく。そして迫ってくるチャイム。もうパニックです。脳がオーバーヒートを起こして寝てしまうかもしれません。しかしそれはその生徒の出来が悪いのではなく、出だしからしっかりした文章を書こうとしているからなのです。

文章を書いたり新しいアイデアを出すといったクリエイティブな作業をする際、順番通りに進められなくても気に病まないでください。作業中に他のことを考えてしまうのも仕方のないことです。脳が物事を考える仕組み上、だれもがあり得ることなのです。

アイデアはデフォルトモードネットワーク状態なときに出てくる

以前、「ＮＨＫスペシャル」という番組で、脳のひらめきについて特集されていました。★ 番組では、芥川賞作家の又吉直樹さんがアイデアをひらめいた瞬間の脳の状態を調べていました。又吉さんが何かをひらめいた瞬間をＭＲＩで読みとったところ、脳の広い領域が一斉に活動している状態が観測できたそうです。そして、人間が何かの作業に集中しているときと、何もせず「ぼーっと」しているときとで比べた結果、アイデアをひらめいた瞬間と「ぼーっと」している瞬間の脳の状態が同じだったのです。つまり、何かアイデアを出さなければならないときには、あえて何もせず「ぼーっと」するのが良いそうです。

人間が何もせず「ぼーっと」しているときというのは、脳が活動をやめているのではなく、「デフォ

★ＮＨＫスペシャル「人体」〝脳〟すごいぞ！ ひらめきと記憶の正体 https://www.nhk.or.jp/kenko/special/jintai/sp_7.html

ルトモードネットワーク」という状態にある、と番組では説明していました。この脳内でのネットワークが、無意識のうちに脳の中にちらばる記憶の断片をつなぎ合わせて、思わぬひらめきを生み出していくというわけです。

このことから、アイデアを出さなければならないときは、そのことに集中するとかえって悪影響で何も案を出すことができない。逆に、何もせずに「ぼーっと」過ごす必要がある。ということが言えます。

ここなんですよ。僕たちは小学生の頃から、「集中しなさい」とか「しっかりやりなさい」と、集中力が求められてきました。成果が上げられなかったときには、「集中力が足りない」と怒られたりもしました。そうして育ってきた僕たちは、仕事も集中して取り組むものだと思い、いつも真剣に取り組んでいるのです。ところが、実はアイデアを出さなければならないときというのは、集中していることそのものがマイナスだったのです。いくら考え込んでもアイデアは出てこないのです。

テストを作成するとき、学級通信の文章を考えているとき、報告書などの文章を考えているとき、ずっと白紙の状態の Word の画面とにらめっこしていないでしょうか。集中して画面と向き合っているときこそアイデアは出てこないという脳の特性を理解すれば、いくら集中してもアイデアが出てこないという現状を受け止められるはずです。考えても考えても文章が進まないとお悩みの方も安心してください。それはあなたの能力が低いのではなく、集中できていないわけでもありません。むしろ集中しすぎているがために、デフォルトモードネットワーク状態になっていないのです。★

★Facebook のマーク・ザッカーバーグ氏や Apple の故スティーブ・ジョブズ氏は、散歩ミーティングの実践者としても有名です。あれだけのサービスや製品を作り出すためのアイデアは、彼らが自ら進んで作り出したデフォルトモードネットワーク状態から出たのかもしれませんね。

意図的にアイデアをひらめかせる方法

物事に集中しているときとアイデアがひらめくときは脳の状態が違い、「ぼーっと」しているときとアイデアがひらめくときの脳の状態が同じ。これを踏まえた上で、意図的に発想力を高める方法を紹介します。これは、実際に問題解決を行う際にも非常に有効な方法です。

まず、何かアイデアが必要となってくることがあったら、それについての知識を蓄えます。仮に知識を蓄えずにぼーっとしてデフォルトモードネットワーク状態になったとしても、つながるべき知識が存在しなければアイデアは生まれないので、まずはこれでもかというくらい勉強したり、調べたりして、頭の中をそのことでいっぱいにするのです★。

次に、ある程度の時間をおきます。おすすめは、睡眠をとることです。人間は睡眠時に記憶の整理をしていて、その結果が夢となって出てくるのではないかといわれています。脳を情報でいっぱいにした後は、知識の吸収を一旦やめて、記憶の整理に特化させるのです。そうすることで自分自身も身体を休めることができます。

・頭の中を知識で一杯にする
・時間をおいて脳に記憶を整理させる

この2つを行っていると、翌日以降のある瞬間に「あっ！」とひらめくことがあるのです。

これに近いことが、自転車に乗るための練習や、スマホのフリック入力の練習にも同じことが言えます。最初は身体にとって慣れない動作なのでいくら練習してもできるようにはなりませんが、一旦睡眠を挟んだり日をおいたりすることで、ある日突然自転車のバランス感覚が身についたり、

★実際僕は、本書を書く際に、本のことで頭の中がいっぱいになっていたことがありました。

素早くフリック入力ができるようになるときが来るわけです。

断片的なアイデアを整理する方法

アイデアはいつも断片的

この章の冒頭でもお話ししましたが、ふとした瞬間にアイデアをひらめいたとしても、その内容は必ずしも順番通りではなく、断片的なものです。

アイデアが次々に出てくるのは良いことですが、それが順番通りには浮かんでこないので困るわけです。★下手をするとひらめいた内容を書き留めきれない場合すらあります。

つまり、出てきたアイデアを形にしてアウトプットするためには、デフォルトモードネットワーク状態の仕組みを上手く利用することに加えて、断片的なアイデアをまとめて順番通りに並び替える必要があるということです。

アイデアを整理するツールあれこれ

考えを深めるために使う、いわゆる「思考ツール」と呼ばれるものや、思考を深めるための方法というものは、数多く存在します。アナログな方法でいうと、付箋を使った「KJ法」、ブランチ（木の枝）を伸ばした先に思いついた単語を書いてく「マインドマップ」、9×9マスの真ん中に目標を書き、その目標を達成するために必要な具体的行動を書いていく「マンダラチャート」などです。

★論文を書く際は一番最初に出てくるのは序論ですが、いざ論文を書こうと思って書き始めたときには序論の文章が出てこないことが多いのです。そういうときに限って本論の一部分について思いついたりします。しかも、思いついた文章を入力しているときに限って、別の文章が頭の中に浮かんでくることもあります。

アナログツールは付箋や紙とペンがあれば思考を広げることができます。手軽に始めることができるという点でオススメです★（図4-1）。

しかし、手軽に始めることができるアナログツールにも欠点があります。一つは、内容の修正に時間がかかるということです。一度書いた内容を別の場所に移すとなると、同じ内容を書き写してから最初に書いたほうを消さなければなりません。もう一つは、紙の広さには限界があるため、同じ方向に向かって書き続けることができないということです。これではひらめいたアイデアに偏り

★特にマインドマップには一度ドはまりしたことがあるので、授業にも取り入れています。

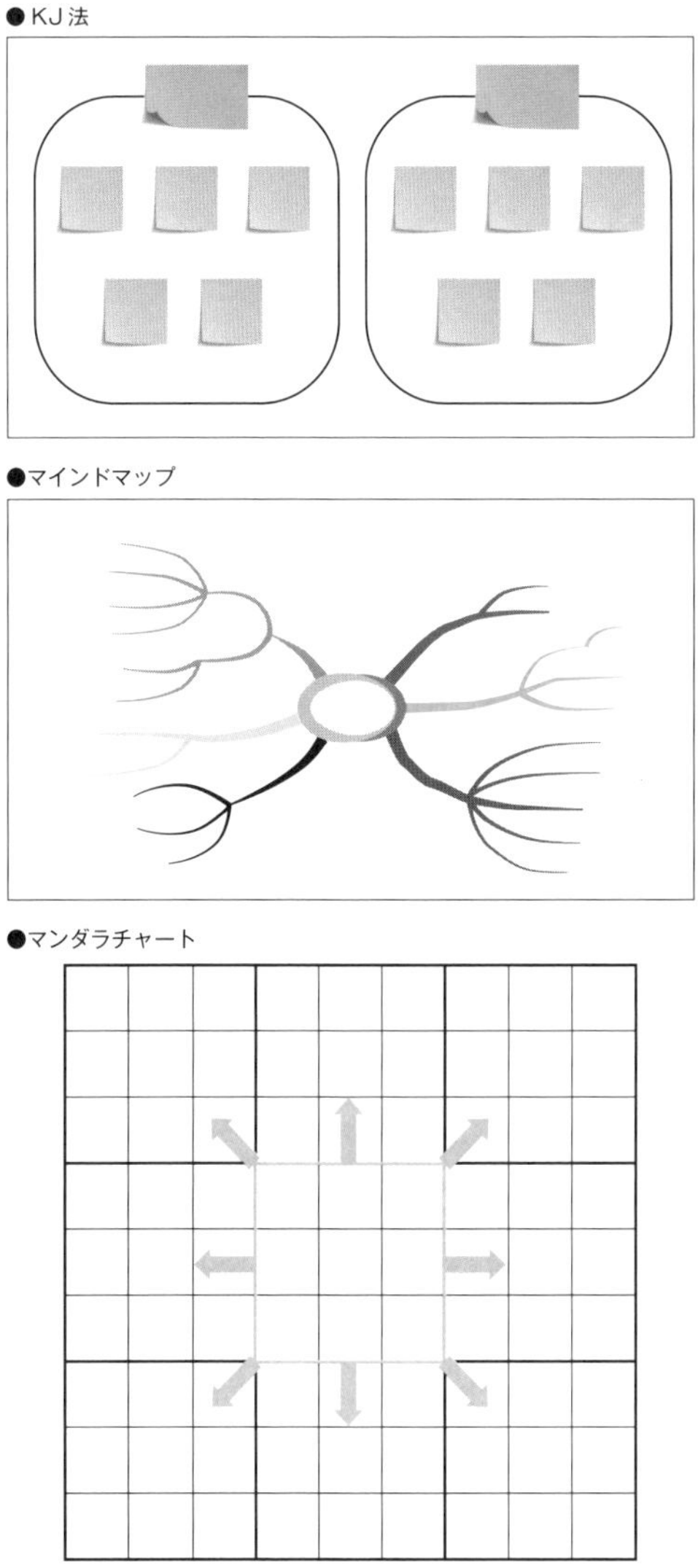

図4-1 アイデアを整理するツールいろいろ

が生じるときに困ってしまいます（というかアイデアをひらめく内容を制御できない以上、書くスペースに限界があっては思考の妨げの原因となってしまいます）。

デジタルツールでオススメの「アウトライナー」

そこで僕がオススメするのが、「アウトライナー」と呼ばれるデジタルツール（ソフトウェアやサービス）です。アウトライナーという単語は、アウトライン（outline）という英単語に、「er」（～するもの、～する人）がついたものです。アウトラインという単語の意味はWeblioによると、「①物の外側の線。輪郭。②あらまし。あらすじ。大要。」と書かれています。これに「er」をつけたアウトライナーは、「あらすじを作るもの」という意味になります。★

「アウトライナー」にはいくつか種類があり、パソコンにインストールして使うものもあれば、ブラウザからアクセスして利用するものもあります。代表的なもので言うと、Wordのアウトライン機能が挙げられます。MacやiPad・iPhoneアプリではOmniOutlinerも有名です。ブラウザからアクセスして使うものではWorkFlowyやDynalistというサービスが有名です。★

アウトライナーの基本機能

この「アウトライナー」と呼ばれるものには、3つの基本機能があります。この3つの機能が組み込まれているものなら、アウトライナーと呼ぶにふさわしいでしょう（図4-2）。

★アウトライナーは、「アウトラインプロセッサ」とも呼ばれます。「プロセッサ」とは機能やシステムのことで、文書作成システムであるワードプロセッサを「ワープロ」と略して使っている時代もありました。

★第3章で紹介したScrapboxにも似た機能がありますが、アウトライナーと呼ぶには少し機能が不足しているのでここではアウトライナーに含めないものとします。

① アウトラインを表示する機能

書いた内容を箇条書きのように表示する機能です。Windowsに最初からインストールされているメモ帳アプリには無い機能です。また、アウトラインに階層構造をもたせることで、内容を見やすく、順序立てて表示できるようにもなります。

② アウトラインを折りたたむ機能

アウトラインの内容が多くなると、すべての項目を一度に表示しても長くなりすぎて、全体が見渡せなくなります。このようなときには、アウトラインを折りたたむと、その項目の親の項目だけが表示されて、全体が一目で見渡せるようになります。細かい部分を確認したいときだけ内容を展開し、それ以外のときは折りたたむ。このように表示を適宜切り替えることで、作業効率が上がるのです。★

③ アウトラインを組み替える機能

項目の順番を並べ替えるための機能です。考えた通りに項目を書いていくと、途中で項目の順番を入れ替えたいと思うことがあります。そんなときに、

図4-2 アウトライナーの基本機能

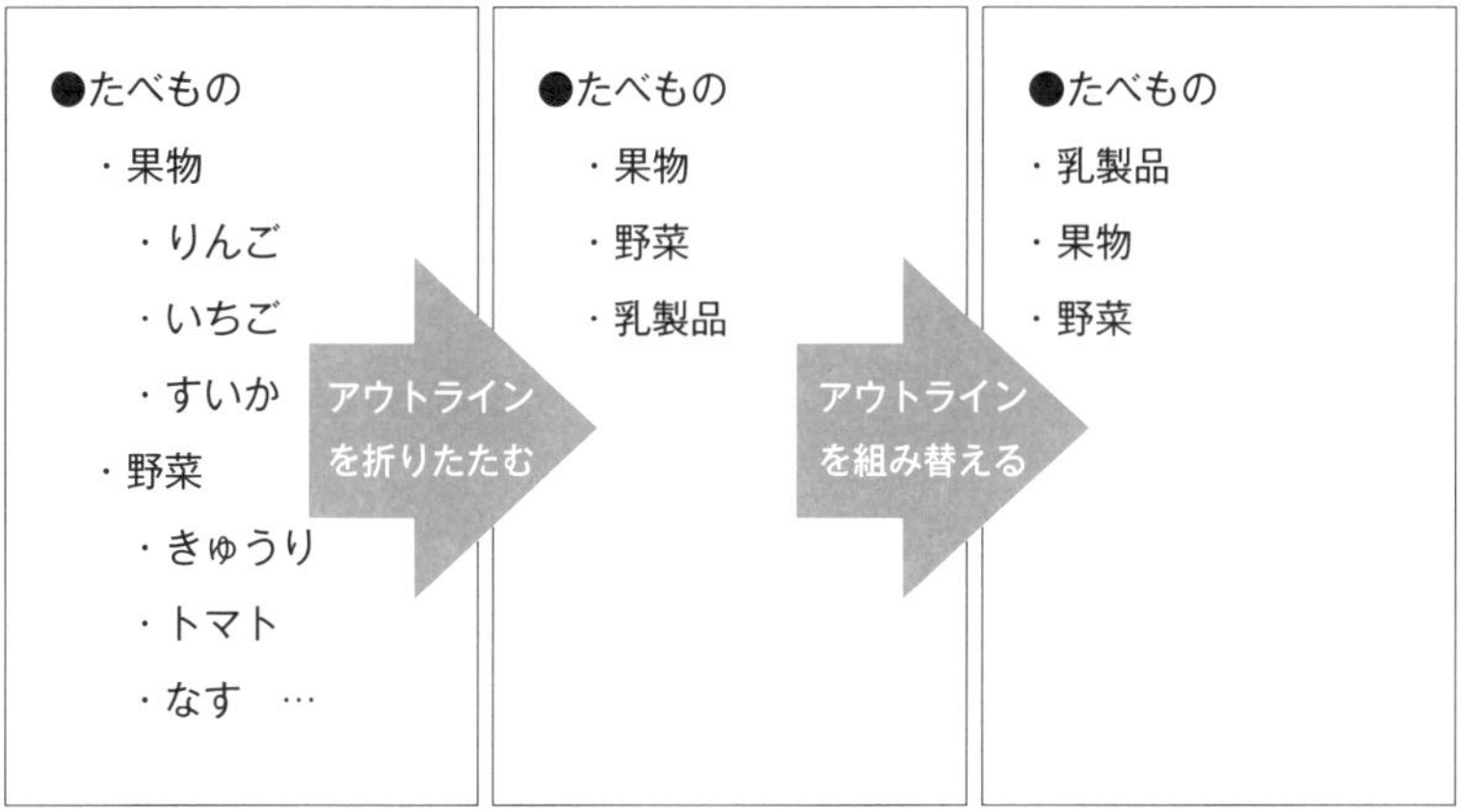

★ややレベルが高い話にはなりますが、アウトライナーを使う上ではタッチタイピングができるほうが良いです。理由は、キーを入力する際に手元を見ていると、アイデアをひらめいた瞬間に入力することが困難だからです。きっと入力している最中に別のアイデアが浮かんでつかまえられなくなってしまうでしょう。タッチタイピングを練習する方法は、第6章で紹介しています。

この組み替え機能を使えば、項目の順番を簡単に入れ替えることができます。この機能は上下の移動だけでなく、項目の親と子の関係を逆転させたいときにも使います。

この3つの機能を駆使することで、ふとひらめいたアイデアの断片をアウトライナーで整理することができるようになるわけです。

リリースされているアウトライナーの紹介

では、僕が実際に使っているアウトライナーを挙げてみます。使うアプリやサービスによって、見た目が大きく異なるだけでなく、アウトラインの操作に使うキーの組み合わせも異なります。自分がキーボードを操作する際の癖に合ったものや、自分の思考の好みに合ったアウトライナーがどれなのか、試してみるのも良いと思います。

〈Word のアウトライン機能〉

Widnows やMacで使えるワープロソフトの代名詞的存在です。Wordなら、職員室で使っているパソコンにもインストールされている学校が多いと思うのでとりあえずアウトライナーを使ってみたいという方には使い始めやすいと思います。リボンの「表示」をクリックすると、アウトライン表示に切り替えることができます。

ただし、本書執筆時点ではiOS版 Office の Word にはアウトライン表示の機能がついていないので、iPadやiPhoneではアウトライナーを使うことができません。

〈オンラインで使用するアウトライナー〉

Wordでは開いているファイルでしかアウトラインを編集できませんが、オンラインで使用するアウトライナーなら、どの端末からログインしても利用できるので便利です。例えば、パソコンとiPadで同じアカウントを使ってログインすることで、内容を共有することができます。

・WorkFlowy

主にブラウザからオンラインで利用するサービスです。

他のアウトライナーではファイルをいくつでも作成できますが、WorkFlowyは1つのアウトライナーしか作成できません。すべてを1つのアウトライナーで整理するというコンセプトで作られたサービスです（画像4-3）。

無料版と有料版があり、無料版だと100個の項目しか作ることができません。100個を超えるような有料版に切り替える必要が出てきます。少しだけ使うのなら無料版でできますが、大がかりな内容を考えたり、細分化が必要な内容を考えるときに使うとなると、100個では足りなくなるでしょう。

・Dynalist

WorkFlowyをかなり意識して作られたサービスで、同じようにオンライン上で使います★（画像4-4）。

WorkFlowyと比べて、項目を無限に作成することができたり、アウトラインを複数作成できたりすることが特長です。無料版と有料版があり、無料版のままでも使うことができますが、有料版

★iPad版アプリもリリースされていますが、オンライン上のデータと同期することを前提に作られたものです。

だと画像を添付できるようになったり、日付を設定することでGoogleカレンダーに項目が表示されるようになります。タスク管理やスケジュール管理をDynalistとGoogleカレンダーを連携することで行っている人もいるくらい、ファンが多いサービスです。

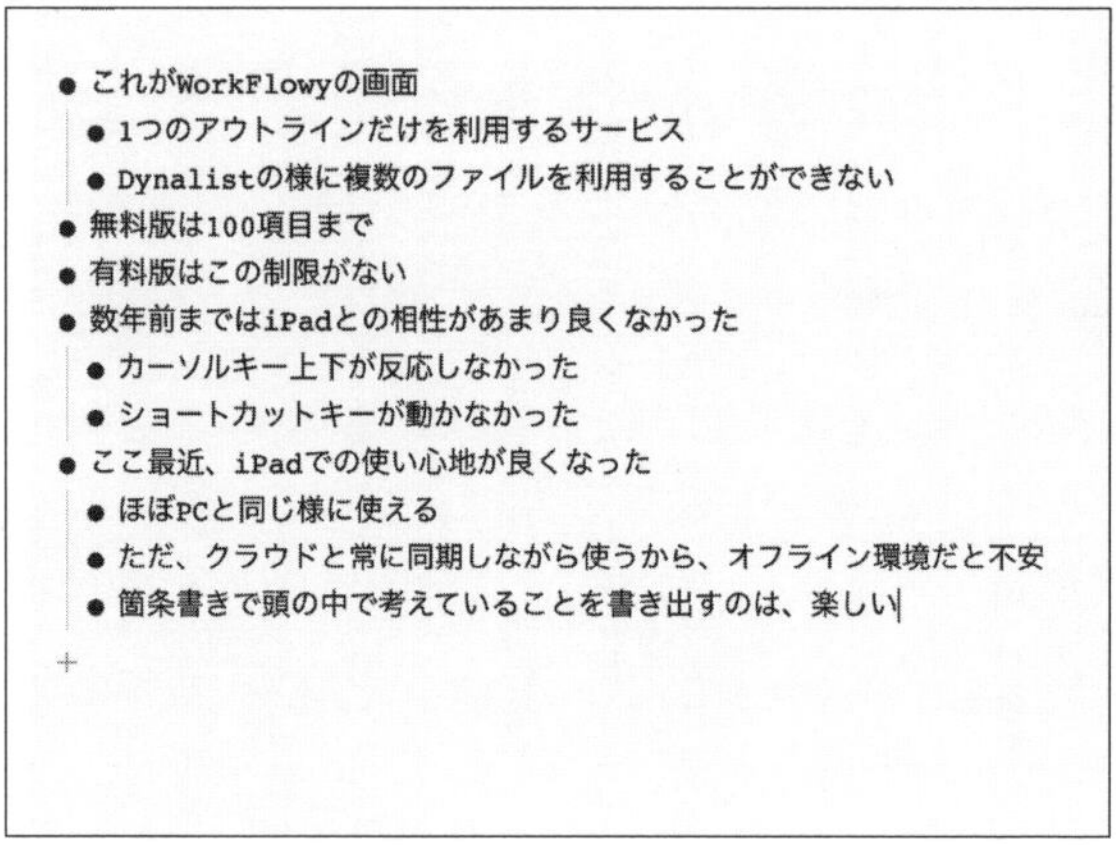

これがWorkFlowyの画面
1つのアウトラインだけを利用するサービス
Dynalistの様に複数のファイルを利用することができない
無料版は100項目まで
有料版はこの制限がない
数年前まではiPadとの相性があまり良くなかった
カーソルキー上下が反応しなかった
ショートカットキーが動かなかった
ここ最近、iPadでの使い心地が良くなった
ほぼPCと同じ様に使える
ただ、クラウドと常に同期しながら使うから、オフライン環境だと不安
箇条書きで頭の中で考えていることを書き出すのは、楽しい

画像 4-3　WorkFlowy の編集画面

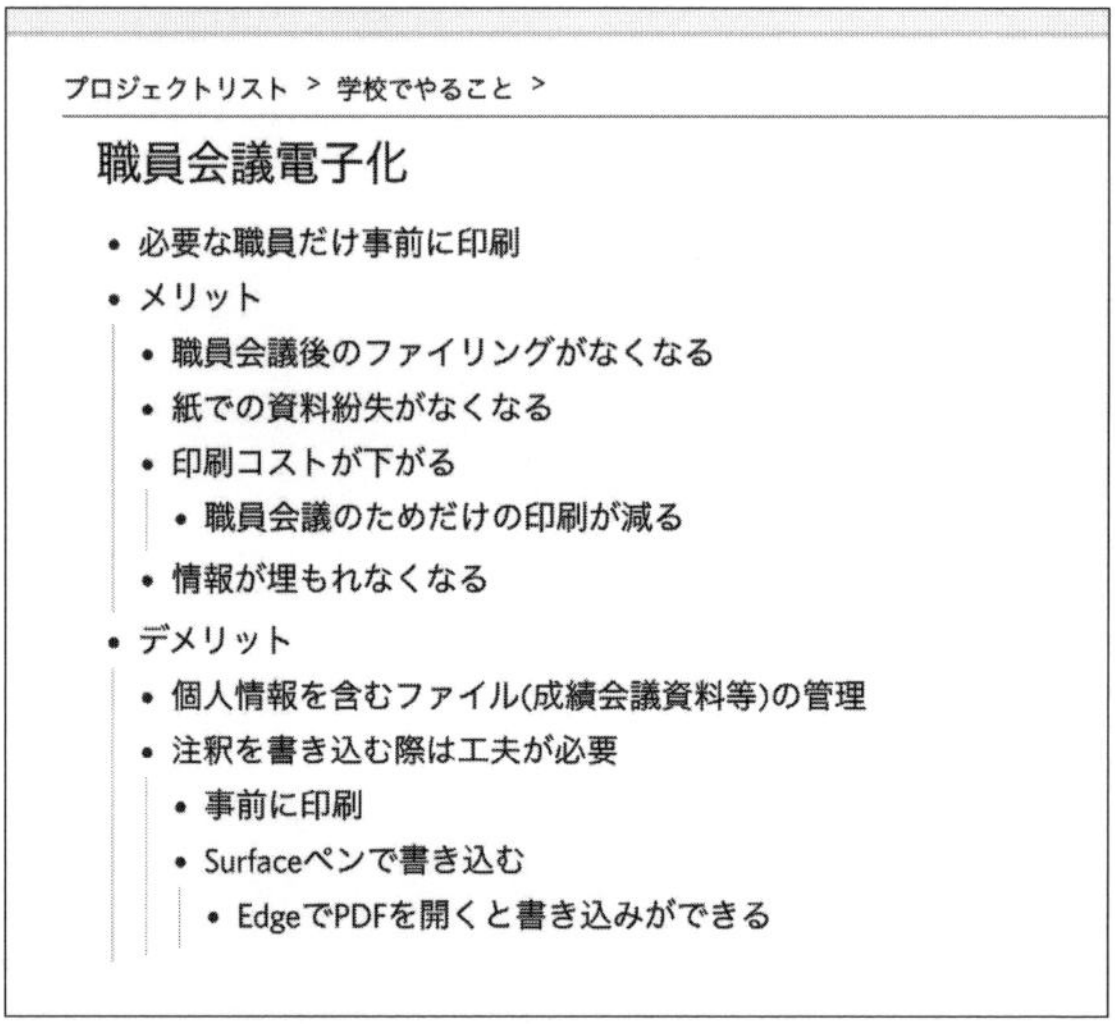

プロジェクトリスト > 学校でやること >
職員会議電子化
必要な職員だけ事前に印刷
メリット
職員会議後のファイリングがなくなる
紙での資料紛失がなくなる
印刷コストが下がる
職員会議のためだけの印刷が減る
情報が埋もれなくなる
デメリット
個人情報を含むファイル(成績会議資料等)の管理
注釈を書き込む際は工夫が必要
事前に印刷
Surfaceペンで書き込む
EdgeでPDFを開くと書き込みができる

画像 4-4　Dynalist の編集画面

〈iPadユーザーにおすすめのアウトライナー〉

iPadで使うアウトライナーとしておすすめするのは、先ほど挙げたDynalistとOmniOutlinerです。

・OmniOutliner

iPad本体にインストールするアプリです。Mac版とiOS版・iPadOS版がリリースされています。Macや iPhoneとも共有できますが、Macで OmniOutlinerを使う際はMac版を購入する必要があります。また、Windows版がないので、職員室にあるWindowsパソコンにはインストールすることができません。手持ちのiPadや自宅にあるMacで使うことになります。Mac愛用者に人気のアウトライナーです（**画像4-5**）。

ちなみに、僕は本書を書くためのアイデアをOmniOutlinerを使って組み立てました。僕は本書が完成したのはこのアプリのおかげだと考えています。iPadで動作するアウトライナーは他にもありますが、操作中に起こるアニメーションが特に気に入っています。★

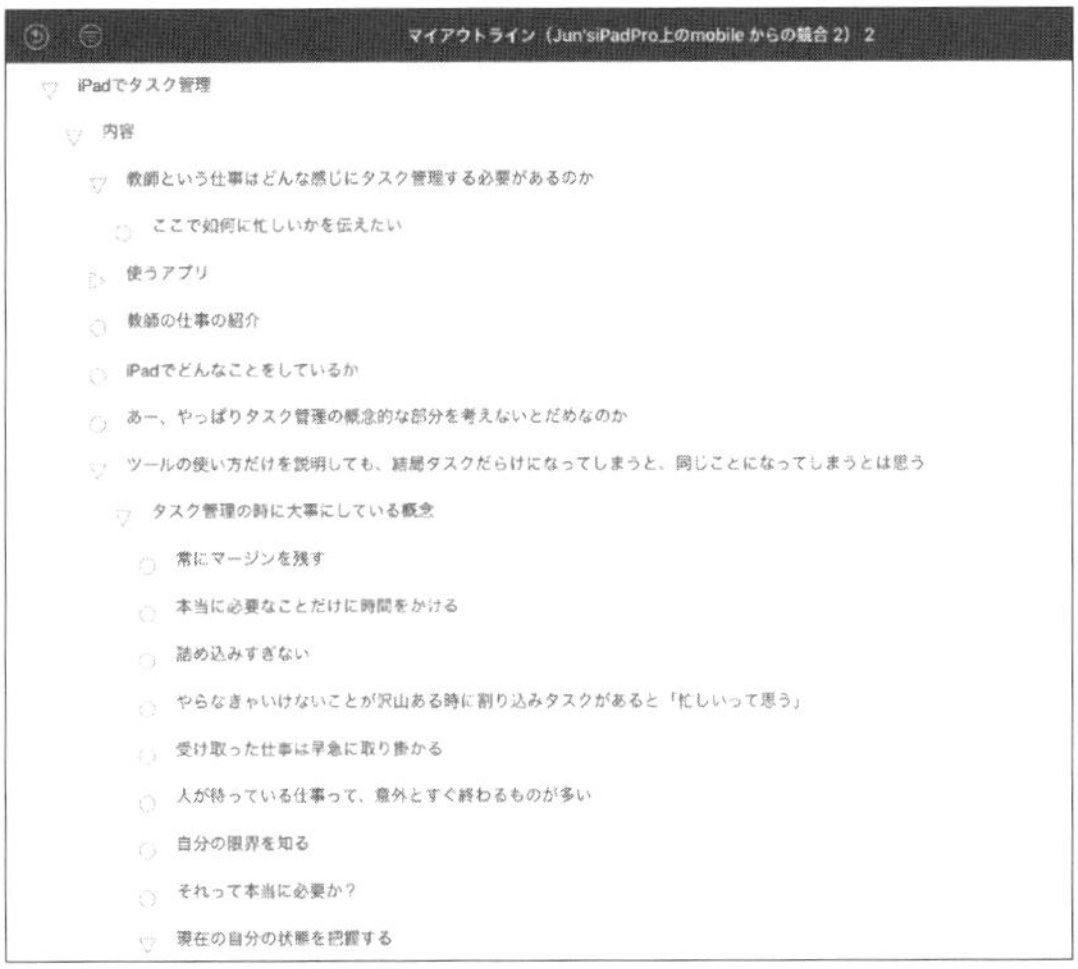

画像4-5　OmniOutlinerの編集画面

★当時はiPadOSがリリースされる前だったので、iOS12がインストールされたiPadではDynalistの機能が満足に使えませんでした。2020年にiPad版Dynalistがアップデートされ、パソコンと同じ使い勝手で使うことができるようになりました。

4 アウトライナーを使ってみよう

アウトライナーでやりたいことをとにかく書く

それではここで、実際にアウトライナーを使っている画面を使いながら、どのようにアイデアを整理していくのかを説明します（画像4-6）。

まず、Wordをアウトライン表示に切り替えたものを使って、「人生のやりたいことリスト100」を書き出してみましょう。★今後の人生でやってみたいことを箇条書きの状態で100個考えるのです。入力した内容を自由に組み替えることができるアウトライナーの機能を使えば、そのときに思いついたことを、どんどん入力していくことができます。あとで内容を整理すれば良いからです。

具体的なやり方は以下のような感じです。

「人生の中でやりたいなと思うものは何だろう」と考えながら、頭に浮かんだ単語をアウトライナーに入力します。Wordのリボン「表示」→「アウトライン表示」をクリックし、普段のA４用紙の表示からアウトラインの表示に切り替えた後に入力していきます。

海外旅行をしたいとふと思いついたので、行き先としてイタリアを挙げてみました。

・　海外に行きたい
・　　イタリア

やりたいこととして「海外旅行に行きたい」、その行き先として「イタリア」を考えたので、「海外旅行に行きたい」と入力して改行したあと、Tabキーでインデントを下げてから「イタリア」を

★これは２０１２年頃にブロガーの間で流行ったもので、今後の人生でやりたいことを100個考えて書いていくと、内容を視覚的に把握することができて、挑戦するモチベーションが上がると言われています。実際に100個挙げたものを印刷して、やり遂げた項目を線で消していくと、内容がどんどん消化されていって残りの項目を頑張ろうと思うようになるものです。

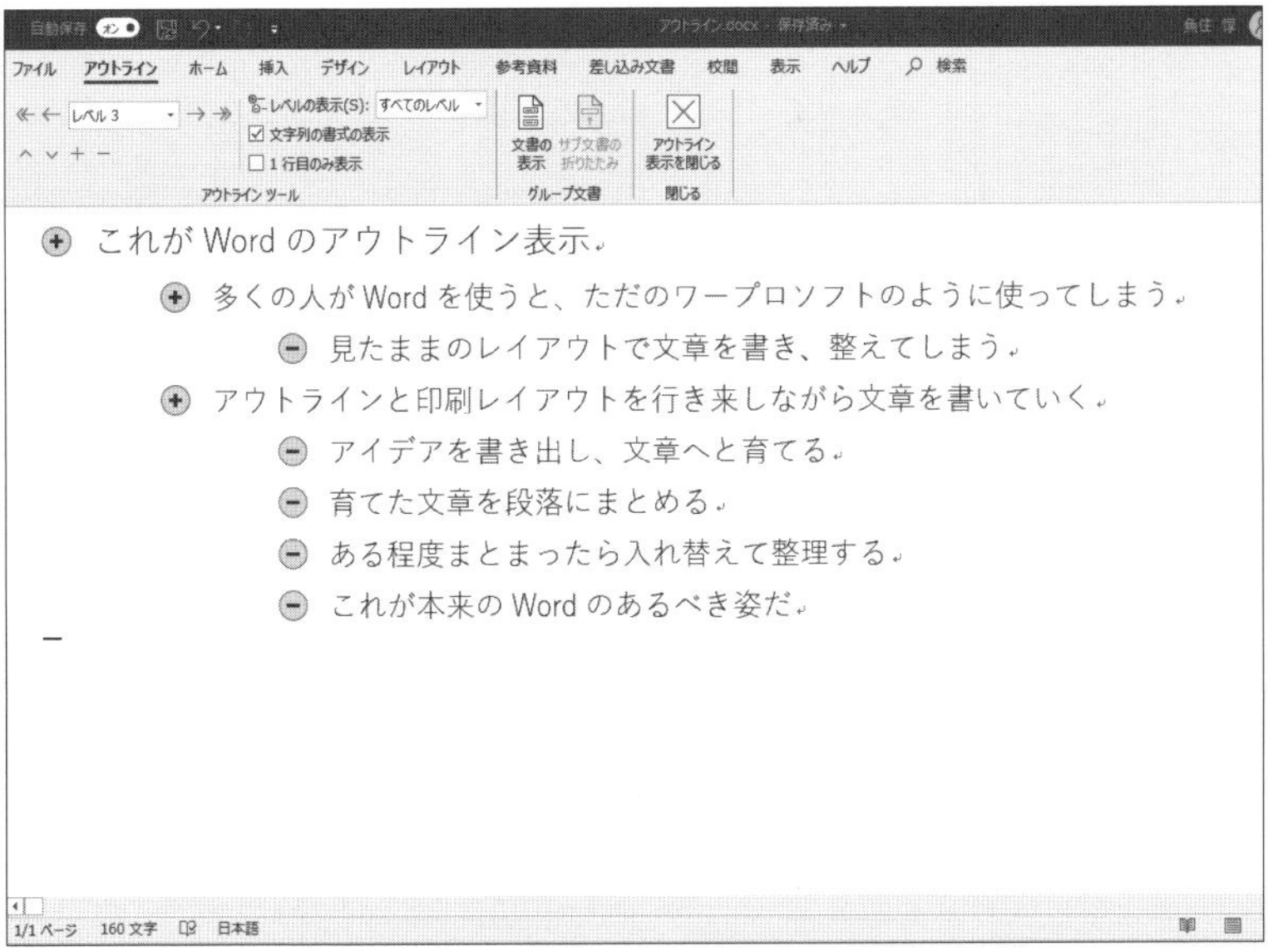

画像 4-6　Word のアウトライン機能を使った編集画面

表 4-7　Word のアウトライン表示時に使えるショートカットキー

Alt + Shift + →	項目を下げる
Alt + Shift + ←	項目を上げる
Alt + Shift + ↑	項目を上の項目と入れ替える
Alt + Shift + ↓	項目を上の項目と入れ替える
Alt + Shift + -	折りたたむ
Alt + Shift + +	展開する

★Word のアウトライン表示時に使えるショートカット一覧を載せておきます（表 4-7）。

入力しました。ひととおり入力してから Tab キーや Alt + Shift + ↓でインデントを下げても構いませんが、入力している途中で下げても構いません。

「海外」「イタリア」という2つの単語を見て、次に現地で食べたいものが思い浮かんだとします。

・海外に行きたい
　・イタリア
　　・イカスミパスタ
　　・本場のピザ

ここで出てきた内容はイタリアから連想したものなので、更にインデントを下げて入力しました。ところがこのタイミングで、イタリア以外の国のことがふと思い浮かんだとします。いまのカーソル位置は「海外に行きたい」↓「イタリア」の中です。本来ならイタリアの項目の中に別の国名が出てくるのは変ですが、ここでは構わず入力します。

・海外に行きたい
　・イタリア
　　・イカスミパスタ
　　・本場のピザ
　　・スイス
　　・チーズ・フォンデュ

イタリアの他にもスイスにも行ってみたい。そう思いついたのでそのままいまの位置に入力しました。そうしているうちにスイスで食べたいものも連想したので続けて入力しました。

しかし今度は海外旅行とは何にも関係なく、「そろそろ新型の iPad が欲しくなってきたな」とも考えついてしまいました。それもこの位置に続けて入力します。

- 海外に行きたい
  - イタリア
    - イカスミパスタ
    - 本場のピザ
  - スイス
    - チーズ・フォンデュ
- 新型 iPad

ここまで内容が混ざってくると、一度整理したほうが良いなと思えてきます。Word のアウトライン表示なら、Alt ＋ Shift ＋ カーソルキーで項目の入れ替えができるので、ある程度単語が増えてきたら整理します。

- 海外に行きたい
  - イタリア
    - イカスミパスタ
    - 本場のピザ
  - スイス
    - チーズ・フォンデュ
- 買いたいもの

・新型 iPad
・iPhone
・HHKB

項目の整理をしてみました。先ほどの、思いついた内容すべてが「イタリア」の中にあるより見やすくなりました。そして「買いたいもの」という項目を新たに設けた途端に欲しいものが増えました。★

ここで大事なのは、「海外旅行のことを考えなくちゃいけないのに、なんで iPad のことなんか考えるんだ！」といった具合に自分を責めないことです。海外旅行に行きたいと思えば候補がたくさん出てくることのも当然のことですし、iPad を使っていると「新しいモデルが欲しいな」と思うことは自然なことです。

これまでは、こういった書き出しを紙に手で書き起こしていたので、思いついたことをそのまま書き出すわけにはいきませんでした。手書きで先に項目を書いてしまうと、書き出す内容に制限ができてしまうためです。しかし、項目の入れ替えが自由なアウトライナーであれば、とにかく頭の中で思い浮かんだ単語を入力し、そのあとで整理するということが簡単にできるので、単語の連想が活発になった脳にブレーキをかけることなく発想できるわけです。★

Word ならパソコン上にファイルとして保存することもできますし、WorkFlowy や Dynalist なら iPad で入力した続きをパソコンから行ったり、出先で iPhone から確認することもできます。紙には決して真似できないデジタルならではのメリットがあるのです。

★僕の脳が正直な証拠です。

★思いついたアイデアを書き出して整理する手法として付箋を使ったＫＪ法がありますが、付箋の価格を考えるとすべての考え事をするときに必ず付箋を使うわけにもいきません。アウトライナーであれば無限に入力して整理することが可能です。

上下関係を変えることで新しい視点が生まれる

情報の授業で先ほどの「人生のやりたいことリスト100」を生徒に取り組ませたときの話です。★人生でやりたいことを100個書き出すという課題を生徒に出してみると、書き始める単語は生徒によって様々でした。死ぬまでに食べてみたい食べ物の名前をどんどん出したり、乗りたい車、行ってみたい国をやたらと書いたりして、数を稼ごうとする子もいました。

その中で、「保育士になりたい」と書いた生徒がいました。中学生の頃からの夢で、進学先も保育士の免許が取得できる短大を希望していました。進路先の方向性が何も決まっていない生徒と比べて、夢も抱いていて進学先という目標も決まっているので、一見しっかりしているように思えます。

そこで僕は、その生徒に「保育士になったらどういうことをしてみたいの?」と問いかけました。するとその質問を元に、「保育士になりたい」の項目の下に、次の言葉を入力していきました。

- 保育士になりたい
  - 子どもと接したい
    - 子どもが成長する姿を見たい

なるほど、保育士になって子どもと接し、子どもが成長する姿が見たい。自然な夢の流れです。

しかし、「子どもと接する」ことができる職業は、保育士だけなのでしょうか。

ここで、アウトライナーに備わっている「項目を入れ替える」機能を使ってみます。

- 子どもと接したい

★この授業は1学期の期末考査が終わったあとの、終業式までの日程で実施しました。テストが終わったあとの夏休み直前の授業は、生徒にとってなかなか集中しづらい期間です。このようなタイミングでは僕は教科書の内容は進めず、今回の例のような普段とはちょっと違う授業を行うことで、生徒に飽きさせないように工夫しています。

・　子どもが成長する姿を見たい
・　保育士になりたい

項目の親と子の関係を、あえてこの位置関係に替えてみました。さっきの位置関係では、保育士として働くようになったあとに実現させたい夢として「子どもと接したい」がありました。しかし、この項目の親となっていた「保育士になりたい」を子の部分にもってくることで、上下の関係が逆転します。

こうすることで、さっきまでは保育士の夢が叶ってから実現すると思っていた「子どもと接したい」という項目が、夢の大前提として捉えることができるようになり、「保育士となって働く」ことは、あくまでも夢を叶えるための1つの手段という解釈に変わるのです。

つまり、その生徒にとって「子どもと接すること」が夢ならば、保育士以外にも選択肢が増える可能性が出てくるわけです。仕事ではなく、将来、自分の子どもをもち、育てることになったとしても、この夢は達成できます。

僕は決して、保育士になることを諦めさせたいわけではありませんが、アウトライナーの項目の位置関係を逆転させることによって、その生徒は保育士を目指す理由を改めてより深く考えるようになったのです。入力した項目の位置関係をわざと入れ替えることによって、これまで漠然と考えていたことを別の角度から見ることができるようになり、新しいことが見えてきます。アウトライナーの項目を入れ替える機能にはこういった人間の脳を刺激する効果があるのです。★

★この、入力済みの項目をあえて移動してみて、他の視点から見つめている作業は「シェイク」と呼ばれています。アウトライナーについてブログ等で発信し、書籍も出しているTak.さんという方が命名した方法です。上から順番に項目を書き出すという行為は紙とペンでもできますが、順番を途中で入れ替えるという作業は手書きでは真似できません。アウトライナーでは項目を入れ替えるためのショートカットキーを使うことで、どんどん内容をシェイクできます。「この項目はこの順番でしかあり得ないよな」と思っても、あえてシェイクしてみると、「この順番はこれでアリだな」と思える場合があるのです。

こんなときにアウトライナー

アウトライナーで思考する内容は、中身が膨大であればあるほど威力を発揮します。200字程度の文章ではあまり役に立たないかもしれませんが、レポートや小論文の概要を考えるときにピッタリです。一度この方法で文章を書くためのアイデアや、テストに出題する問題の案を考えたりすると、病みつきになります。発想する順番や枠に囚われずに、思いついたことを自由に記述して、組み替えることができるのはなかなか快感です。

「いまからこれについて考えなきゃ！」と思考の範囲を限定するよりも、発想する内容そのものが自由であるほうが、良いアイデアが思いついたりするものです。

僕は本書の本文そのものを、最初の頃はアウトライナーで書いていました。書いた内容を一度折りたたんで見えなくしたり、ときには内容の順番を入れ替えたりするためです。アウトライナーの機能を使いながら、頭から出てくる単語を入力していくと、調子が良いとどんどん項目が増えていき、楽しくなります。アウトライナーを使ったことがない方は、是非一度試してほしいと思います。

コラム

PDCAからDCAPへ

問題解決の手順において、「PDCAサイクル」が良いといわれています。僕自身もこのようなサイクルを回すことは好きです。しかし、僕の場合は順番が違います。PDCAではなく、「DCAP」です。何かチャレンジしたいことがあったら、まず行動してみる（Do）。行動して問題が起こったなら、どんな問題が起こったのかを確認して、それから修正案を考える（Check）。そしてまた行動に移す（Action）。この順番です。

多くの日本人は、最初のP、つまりPlanに時間をかけすぎる傾向があります。しかしPlanに時間をかけすぎるあまり、DoのあとのCheckとActionに時間がかけられないことも多いのです。なかにはPlanだけ立てて、結局実行に移せなかったというケースもあるでしょう。そうなれば、計画倒れです。

緻密に計画を立てることはもちろん重要なことです。ただそれでは、いつまで経っても行動できない可能性があるのです。行動できていないのであれば、計画していないと思われても仕方ありませんし、行動しなければ経験を積むこともできません。「もし失敗したらどうしよう」と後ろ向きになることもあるかもしれませんが、失敗を恐れていては成功することもできません。是非、本書を手に取った皆さんには、まずは行動する（Doから始める）ということを心がけてもらいたいのです。

たとえ失敗したとしても、成功するまでの過程にいるんだと思えばモチベーションも持続します。PDCAは本来そのためのサイクルのはずです。

コラム

Scrapboxで「知のネットワーク」を構築する

僕はこれまで、子どもたちに良い授業をしようと考えながら、教材研究を続けてきました。きっと本書を読んで下さっている先生方も同じように担当科目について学ばれてきたと思います。自分が勉強すればするほど使える知識の引き出しが増えて授業に活かせる。やればやるほど自分のレベルが上がっていくのを実感できます。

しかし残念なことに、10年前に勉強した内容を、いまの僕は思い出すことができません。Evernoteに記録していた朝の打ち合わせの内容を読み返すことならできますが、10年前に教材研究の一環として勉強した「2進数の解き方をわかりやすく教える方法」といった知識をデータとして引っ張ってくることができないのです。一度勉強した内容や得ることができた知識は、記憶に定着していない限り、勉強したこと自体は覚えていても、内容が出てこないことが多いのです。

理想は、学習したすべての知識を完璧に覚えておくことですが、人間が一日に吸収できる情報量には限界があります。紙のノートに勉強した内容を書き留めておくという方法もありますが、すべての情報を手書きで書き留めていくことはもはや苦行です。かといって、新聞記事を切り抜いてスクラップしたり、ネットで見つけたページを印刷したりしていたら、紙の分量が増えて、必要な情報を取り出す作業に時間がかかってしまうでしょう。

そんなときこそScrapboxの出番です。3章では、授業で生徒が使うノートの代わりとして紹介しましたが、教師が個人で勉強した内容を書き留めていく作業にもScrapboxは最適です（もちろんEvernoteを使うという選択もありますが、Evernoteはノートを探す

コラム

際に頑張ってスクロールするか検索ワードを入れなければならないのに対し、Scrapboxはリンクを設定しておくだけで関連する情報が出てくるのです。知識や情報を書き留めていく場所として、これほど最適なサービスは他にないと僕は思います)。

例えば、読書をしていて参考になる考え方や知識が書いてあったとしましょう。教員をしていると、「これは生徒に話してみようかな」と思えるような知識に出会うと、つい嬉しくなってしまうものです。しかし、その知識に出会った瞬間から生徒に話すまで、ずっとそのことを覚えておくわけにはいきません。忘れてしまう場合も十分に考えられます。

こうした「知識や情報」を、Scrapboxにどんどん貯めていくと、思いがけない発見があります。特に教材研究を行う中で得た知識をリンクでつなげていくと威力を発揮します。最初はメモ書き程度でも構いません。たまっていく内容を見返したり、関連するページを見たりするのが楽しくなっていきます。昔の自分が書いた内容を書き換えることも簡単です(紙のノートとは違って消しゴムで消す必要がなく、ただ内容を修正するだけです)。

紙のノートの代わりとしてデジタルを活用しようという流れは以前からありましたが、Scrapboxはこれまでのアプリの考え方とは全く異なり、情報同士がどんどんつながっていき、「知のネットワーク」を構築できるサービスです。そして作成したものを公開・共有する機能もあります。複数の先生と協力して教材を作成するのも楽しいはずです。利用したことがない方は、一度使ってみることをおすすめします。

5

iPad周辺環境

ここまで、iPadの様々な活用法についてお話ししてきました。

この章では、パソコンやiPadをストレスなく使うために買って良かった周辺機器や、おすすめのアプリについて紹介します。

iPadの選び方

いま愛用中のiPad

これが無ければ、本書は始まりませんでした。僕が２０２０年3月現在愛用しているのは、２０１８年に発売されたiPad Pro 12.9インチの256ＧＢで、WIFI + Cellularモデルです。

僕はこれまで、ほぼ毎年のようにiPadを買い換えてきました。第2世代iPad→新しいiPad（第3世代）→iPad mini→iPad mini 2→iPad Air 2→iPad Pro 9.7インチ→iPad Pro 12.9インチ（第2世代）という流れです。★

このモデルを購入した理由は、第2世代Apple Pencilに対応した初めてのモデルだからです。第1世代のApple Pencilでも書き心地は変わりませんが、充電する際にキャップを外してiPad本体のLightning端子に挿すという、非常に不安定な見た目になってしまうことが気になっていました。

これに対して、第2世代のApple Pencilは、iPad本体の側面にマグネットで吸着し、接続と充電が同時にできます。第1世代では充電そのものが億劫になってしまい、いざ使おうとしたらペンのバッテリー残量が0だった……なんてことが多かったのですが、第2世代になってからは充電の手間が省けるようになり、ペンを使ってiPadを活用する機会が増えました。

本体の大きさについて、iPadの中でも一番大きな12.9インチを選んだ理由は、iPadを横向きで使うと本や雑誌を見開きで表示しても無理なく閲覧できるからです。また、縦向きで使うと、サイズ感がＡ４とあまり変わらないため、スキャナで取り込んだＡ４のプリントがほぼ違和感なく表示

★２０２０年3月25日、まさにこの原稿を執筆している最中に、iPad Proの新型が発売されました。これまで使っていた２０１８年のiPad Proは前述の通り12.9インチのモデルを使っていましたが、大きすぎるなと思ったり、重いなと感じたりしていたので、11インチのモデルを購入しました。これだけ多くのモデルを買い続けてきた僕は、いまでも自分に最適な大きさを模索中です。

できます（画像5-1）。

どのiPadが自分に合っているか？

２０２０年3月現在で販売されているiPadは、無印iPad、iPad mini 5、iPad Air、iPad Pro 11インチ、iPad Pro 12.9インチです。一番の違いはディスプレイの大きさですが、物によっては性能も大きく違ってきます。ここでは、iPadを購入するとしたら、自分にとってどれを購入するのが良いのかの選び方についてアドバイスします。

大きいサイズか小さいサイズか

iPadの中で一番小さいサイズのiPad miniは重量が300.5グラムと非常に軽く、手軽に使えるモデルです。２０１９年にiPad mini 5が登場するまでは２０１５年に発売されたiPad

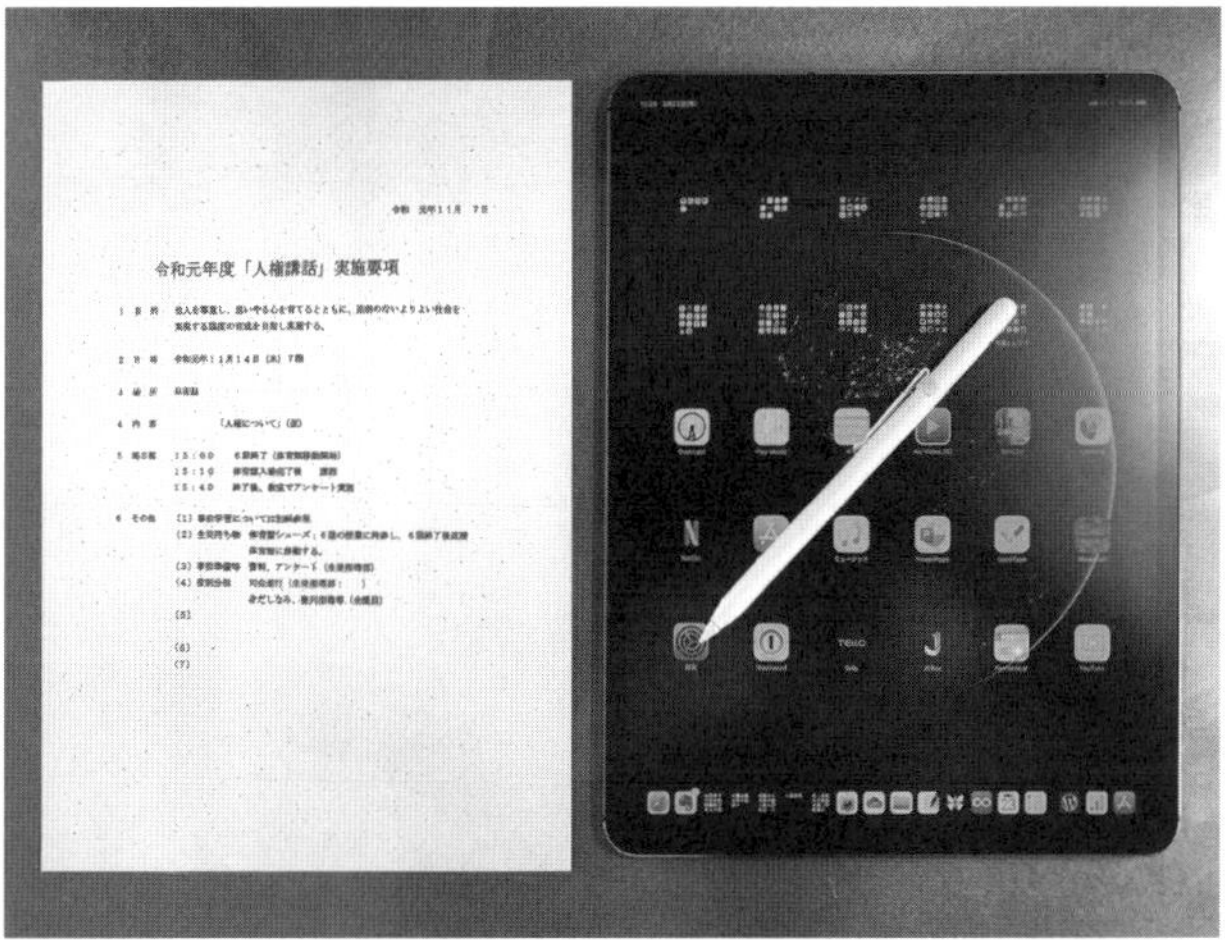

画像5-1　（右）現在愛用中のiPad Pro 12.9インチとApple Pencil
（左）A4のプリント

mini 4が売られていました。４年ぶりの性能強化モデルとして第5世代が出たことで話題となりました。このminiというサイズは大きさが手軽ということ以外に、非常に重要な意味があります。なんと、白衣のポケットにそのまま入るのです。その点で、多くの理科の先生から支持されているようです。

一方、先にも述べたように、iPadの中で一番大きな12.9インチは、本や雑誌を見開きで表示でき、電子書籍などを読むのに便利です。Ａ４のプリントも違和感なく表示できるので、仕事用としてガッツリ使いたいという人にはおすすめです。

参考までに、販売されている現行モデルを、価格順に並べてみました（**表5-2**）。実はApple製品の一部は、教職員割引が使えます。公立学校の教員であれば、購入時に公立学校共済組合の組合員証を提示することで、iPadを割引で購入することができます（表は、教職員割引適用後の価格をまとめたものです）。

WIFI版かWIFI + Cellular版か

iPadの通信方法には、次の2種類があります。

- WIFI版
- WIFI + Cellular版

WIFI版というのは光回線などのインターネット回線を無線ＬＡＮで飛ばしている電波を使ってネットワークに接続するモデルです。月額料金がかからず、本体の購入代金のみで使用することが

《機種名順》				《価格順》			
機種名	通信	本体容量	税抜き価格	機種名	通信	本体容量	税抜き価格
第 7 世代 iPad	WIFI	32GB	32,800	第 7 世代 iPad	WIFI	32GB	32,800
第 7 世代 iPad	Cellular	32GB	47,800	第 7 世代 iPad	WIFI	128GB	42,800
第 7 世代 iPad	WIFI	128GB	42,800	第 5 世代 iPad mini	WIFI	64GB	43,800
第 7 世代 iPad	Cellular	128GB	57,800	第 7 世代 iPad	Cellular	32GB	47,800
第 5 世代 iPad mini	WIFI	64GB	43,800	2019 年 iPad Air	WIFI	64GB	52,800
第 5 世代 iPad mini	Cellular	64GB	58,800	第 7 世代 iPad	Cellular	128GB	57,800
第 5 世代 iPad mini	WIFI	256GB	60,800	第 5 世代 iPad mini	Cellular	64GB	58,800
第 5 世代 iPad mini	Cellular	256GB	75,800	第 5 世代 iPad mini	WIFI	256GB	60,800
2019 年 iPad Air	WIFI	64GB	52,800	2019 年 iPad Air	Cellular	64GB	67,800
2019 年 iPad Air	Cellular	64GB	67,800	2019 年 iPad Air	WIFI	256GB	69,800
2019 年 iPad Air	WIFI	256GB	69,800	第 5 世代 iPad mini	Cellular	256GB	75,800
2019 年 iPad Air	Cellular	256GB	84,800	2020 年 iPad Pro 11	WIFI	128GB	79,800
2020 年 iPad Pro 11	WIFI	128GB	79,800	2019 年 iPad Air	Cellular	256GB	84,800
2020 年 iPad Pro 11	Cellular	128GB	96,800	2020 年 iPad Pro 11	WIFI	256GB	90,800
2020 年 iPad Pro 11	WIFI	256GB	90,800	2020 年 iPad Pro 12.9	WIFI	128GB	94,800
2020 年 iPad Pro 11	Cellular	256GB	107,800	2020 年 iPad Pro 11	Cellular	128GB	96,800
2020 年 iPad Pro 11	WIFI	512GB	112,800	2020 年 iPad Pro 12.9	WIFI	256GB	105,800
2020 年 iPad Pro 11	Cellular	512GB	129,800	2020 年 iPad Pro 11	Cellular	256GB	107,800
2020 年 iPad Pro 11	WIFI	1TB	134,800	2020 年 iPad Pro 12.9	Cellular	128GB	111,800
2020 年 iPad Pro 11	Cellular	1TB	151,800	2020 年 iPad Pro 11	WIFI	512GB	112,800
2020 年 iPad Pro 12.9	WIFI	128GB	94,800	2020 年 iPad Pro 12.9	Cellular	256GB	122,800
2020 年 iPad Pro 12.9	Cellular	128GB	111,800	2020 年 iPad Pro 12.9	WIFI	512GB	127,800
2020 年 iPad Pro 12.9	WIFI	256GB	105,800	2020 年 iPad Pro 11	Cellular	512GB	129,800
2020 年 iPad Pro 12.9	Cellular	256GB	122,800	2020 年 iPad Pro 11	WIFI	1TB	134,800
2020 年 iPad Pro 12.9	WIFI	512GB	127,800	2020 年 iPad Pro 12.9	Cellular	512GB	144,800
2020 年 iPad Pro 12.9	Cellular	512GB	144,800	2020 年 iPad Pro 12.9	WIFI	1TB	149,800
2020 年 iPad Pro 12.9	WIFI	1TB	149,800	2020 年 iPad Pro 11	Cellular	1TB	151,800
2020 年 iPad Pro 12.9	Cellular	1TB	166,800	2020 年 iPad Pro 12.9	Cellular	1TB	166,800

表 5-2　現在販売されている iPad の一覧（2020 年 3 月時点）

できます。ただし、WIFIの電波の届く範囲でないとインターネットにつながりません。外で使うためには、WIFIのある場所まで移動するか、スマホのテザリング機能（スマホの電波をパソコンやタブレットで共有し、スマホにWIFIルータの役割をさせる機能）を使う必要があります。

WIFI + Cellular版というのは、WIFIがない場所でも携帯電話の電波が届く場所でネットワークにつながることができるモデルで、スマホと同じように使えます。ただし、使うためにはスマホとは別に回線契約が必要なので、毎月通信料金が発生します。★

僕が個人的にオススメするのは、WIFI + Cellular版です。学校の敷地内だとどうしてもWIFIの電波が届かない場所があります。通勤している途中なども同様です。そういったWIFIの電波がない場所でWIFI版のiPadでインターネットを利用しようとすると、手持ちのスマホのテザリング機能を使うしかありません。デザリングするには、〈iPadでネットを利用したいと思う→スマホのテザリングをONにする→iPadをスマホに接続する→Safari（ブラウザ）を起動する〉という作業が必要になり、大変手間がかかります。★スマホがiPhoneであれば、iPadのWIFI接続の画面にiPhoneの名前が表示されるので少し手間が省けますが、接続する作業はどうしても必要ですし、何よりテザリング中のスマホはバッテリーを酷使します。WIFI版のiPadでネットを使うということは、手間がかかる上に手持ちのスマホのバッテリー残量を気にしなければならなくなるのです。

WIFI + Cellular版であれば、この手間を省くことができます。僕の場合は大手キャリアのiPhoneを通信容量30GBで契約しているので、この容量をiPadでも活用できます。EvernoteやOneDriveなどのクラウドサービスに資料や教材を保存している方なら、閲覧する度にネット回線を使うので個人的には必須だと考えています。

★大手キャリアであればスマホの通信容量を共有して使うタブレット用プランが存在しますし、大手キャリア以外のメーカーが販売している格安SIM（通信専用のカード。大手キャリアの電波を間借りしているため、月額が安価だが多人数が利用する時間帯に回線が混み合う）を契約すれば、電波の届く範囲でどこでもiPadで通信できるようになります。

★スマホでテザリングをする機能がまだ存在しなかった時代、僕はモバイルルーターを契約していました。スマホとは別に契約していたので、スマホの通信容量を使うことなくネット環境を持ち歩くことができました。しかし、モバイルルーターはその小ささ故にバッテリーの減りが早く、内蔵バッテリーだけでは丸一日使えませんでした。そこでバッテリー切れ対策として、モバイルバッテリーを一緒に持ち歩くようになりました。スマホとiPadとモバイルルーターとモバイルバッテリーを持ち歩くのは、全然スマートではありませんでした。

iPadOS インストールのすすめ

iPadOS の登場でこんなことができるようになった

２０１９年秋に、iPad 用のＯＳとして iPadOS というものがリリースされました。現在販売中の iPad にもインストールできて、iPad の使い方が一変するほどの大きな更新でした。iPadOS にアップデートすることで、次のことが iPad でもできるようになりました。

① ホーム画面にウィジェットが置けるようになった

これまでの iOS では、ホーム画面にはアプリのアイコンしか置けませんでした。Android のスマホやタブレットではホーム画面にウィジェットというアプリのアイコン以外の情報を表示することができていましたが、iPadOS によって、iPad でも似たような機能が追加されました（画像 5-3）。ホーム画面の左側にバッテリーの情報や天気予報など、ウィジェットに対応しているアプリを並べることで、これまでアプリを起動しないと得られなかった情報などを常に表示できるようになったのです。★

② ＵＳＢストレージを認識できるようになった

iPadOS をインストールした iPad では、ＵＳＢメモリが認識できるようになります（画像 5-3）。

★僕は iPad のウィジェットに Fantastical 3 というカレンダーアプリのウィジェットを追加しています。Fantastical 3 にはカレンダーの予定と同時にリマインダーに登録したタスクが表示されるので、今日の予定とやるべきタスクが常に iPad のホーム画面に表示されるようになるのです。この機能のおかげで、今日やるべきタスクを常に意識することができるようになりました。ロックを解除する度に今日の予定やタスクが目に入ってくることで「あぁそうだった、今日はこの予定か」と思えるようになりました。

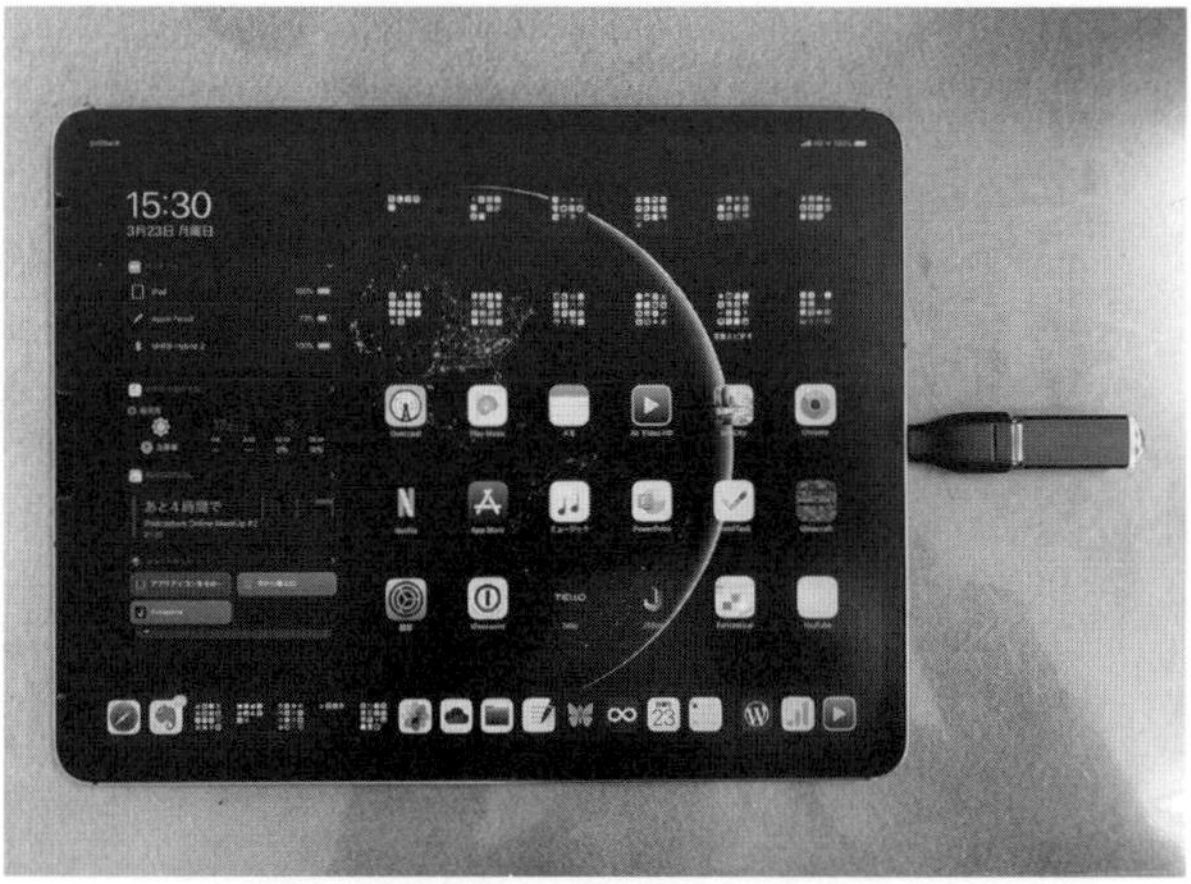

画像5-3　ホーム画面（左）にウィジェットが表示でき、USBにも対応できるようになった

これまではSDカードのDCIMフォルダを認識して写真や動画をiPadに取り込むだけの機能しかありませんでしたが、iPadOSではUSBメモリやUSBハードディスクにファイルを保存したり、SDカードの写真以外のファイルにアクセスできたりするようになります。これによって、できることがかなり増えました。WordやExcel、PowerPointもiOS版がありますが、パソコンで作成したそれらのファイルをUSBメモリ経由で開くことができるようになり、クラウドストレージサービスを介さなくてもファイルのやりとりができるようになったのです。

③共有フォルダへアクセスできるようになった

USBメモリ対応によって、同時に、別のPC内の共有フォルダにもアクセスできるようになりました。WIFIにiPadを接続すれば、ネットワーク上に設置されている共有フォルダにアクセスでき、ファイルのやりとりができるようになります。例えば、iPadで撮影した写真や動画を共有フォルダに保存すれば、他の人も見られるようになります（画像5-4）。

④同じアプリを2画面で起動できるようになった

iPadには「SplitView」という2つのアプリを並べて使える機能があります。iPadOSではその機能が強化され、1つのアプリを2画面で起動できるようになりました（画像5-5）。

僕はこの機能をGoodNotes 5でよく使っています。GoodNotes 5に入れた2つのPDFを横に並べ

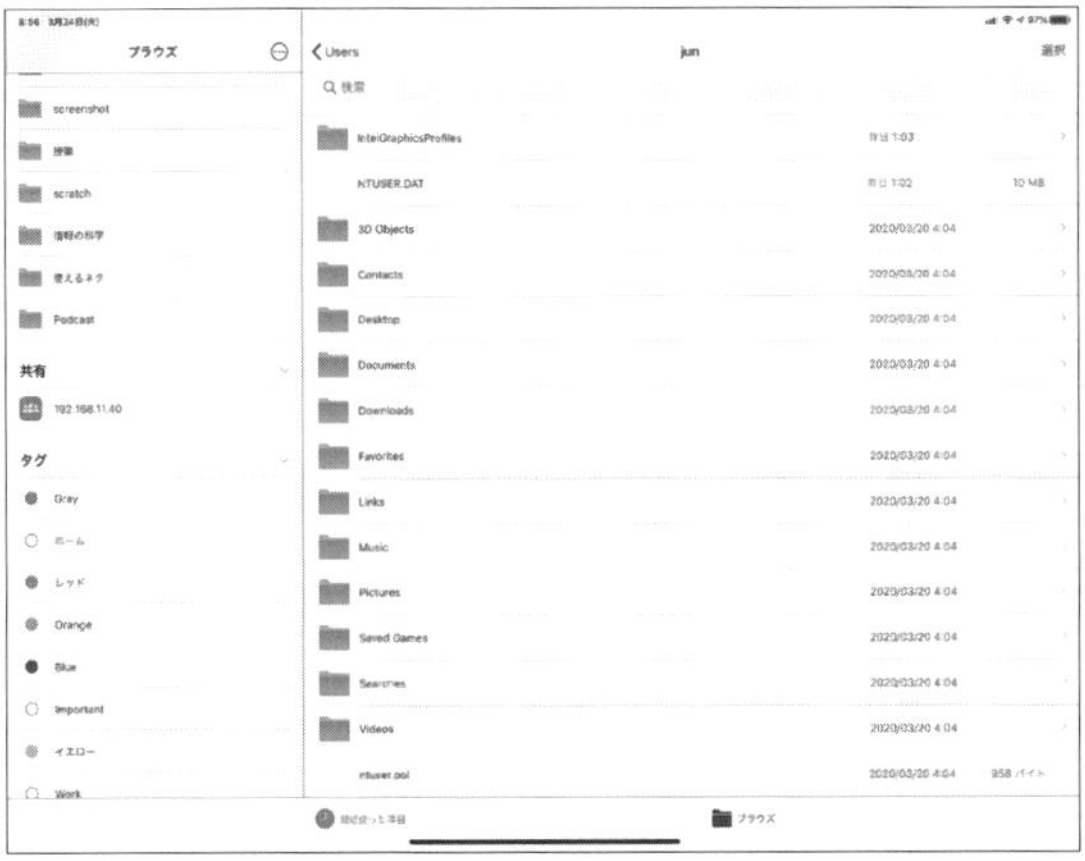

画像5-4　共有フォルダにアクセスできるようになった

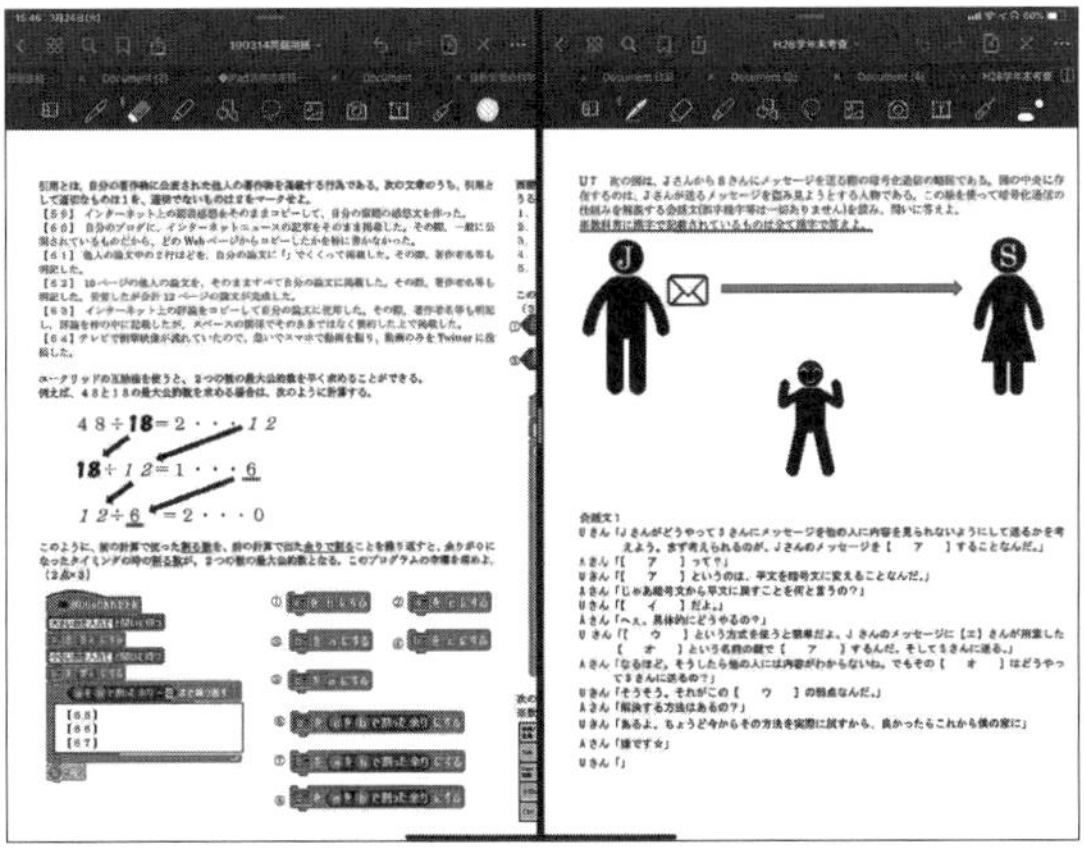

画像5-5　1つのアプリを2画面で起動できるようになった

て、ApplePencilを使ってメモしていくわけです。これまでこの作業をしようとすると、GoodNotes 5以外の別のアプリで片方のPDFを開いておく必要がありましたが、iPadOSにアップデートすることでその必要がなくなりました。

iPadを守る

保護フィルムについて

皆さんはスマホの画面に保護フィルムを貼っていますか？　ここ数年で、ガラスフィルムの値段が下がり、万が一落としたとしてもフィルムが割れることで、本体の画面を守りたいと考える人が増えてきました。ここでは、iPadをより快適に使うためにおすすめのフィルムを紹介します。

・前面

僕がiPadに必ず貼っているのは、アンチグレアフィルムです。学校の教室や職員室の明かりは天井から吊された蛍光灯が一般的です。特にiPadほどの大きな画面を、何も貼らずにガラスのまま使っていると、画面の中に蛍光灯が映り込んでしまいます。これが僕にとってはかなりストレスで、蛍光灯の明かりに目を細めながら教材を作ったり文章を書いたりすることに耐えられませんでした。

この対策として、アンチグレア（非光沢）のフィルムを貼ることにしました。貼る前と貼った後の差は歴然です。画面に入ってくる光を乱反射してくれるので、蛍光灯の姿がほとんどわからなくなるほど目立たなくなります。iPadに表示するものは、資料や動画など、隈無くチェックするものです。紙の代わりに使う場合、画面を見る時間も必然的に長くなります。長時間画面を見るのが辛

ければiPadを使う意欲も減ってしまいます。★

ちなみに僕が愛用しているアンチグレアフィルムはASDEC製のフィルムです。他にもパワーサポートというメーカーがアンチグレアの性能が高いことで有名ですし、ELECOMもフィルムを多数発売していますが、光を乱反射するアンチグレアの性能はASDECが群を抜いて高いのです。他社のアンチグレアフィルムを貼った状態でiPadの画面を蛍光灯の方向に向けると、どうしても蛍光灯の形が映り込んでしまいますが、ASDEC製のフィルムだと光の形が見えなくなり、目への負担が本当に軽減されていることがわかります。特に大画面のiPadを使う際には、フィルムの性能が活きてきます。無印iPadやiPad miniではその性能を活かせないかもしれませんが、長時間使ってみることでその効果を実感できます。もちろん画面を守る役目も果たしていますので、画面を見やすくすることと傷から守ることを考えているなら、アンチグレアフィルムを貼っておくことがおすすめです。★

・背面

いまのiPad Proの背面にも保護フィルムを貼っています。以前は前面も背面も守ることができる純正のSmartFolioというカバーを付けていましたが、これを付けたまま前面を覆っていた部分を背面に回すと、iPad Proが本体の倍くらいの厚さになってしまうことに気がつきました。本体が分厚いと、それだけ重たく感じます。あるとき、SmartFolioを取り外して使ってみたら驚くほどの軽さを感じました。これがiPad Proの、本来のフットワークの軽さだったのか！　と思いました。

前面と背面の両方にフィルムを貼ることで、ほぼ全体を守ることができていると思います。流石に手を滑らせてしまって角から落ちるようなことがあれば無事では済みませんが、薄く軽く設計されたiPadを、ケースを付けて重たくしてしまい、使用頻度が下がってしまうことは避けたいです。

★僕自身アンチグレアフィルムを貼ってから、授業でも、職員会議でも、電車の中でも快適に使えるようになり、iPadを使う時間が長くなりました。使うことそのものの負担を軽減することで、より多くの場面でiPadを使おうと思えてくるものです。

★ただし、光を乱反射するということは、逆にいうと光沢感をなくすことでもあります。iPhoneをはじめとするApple製品のディスプレイは「Retinaディスプレイ」と呼ばれ、1ドットの大きさが小さく画質がきれいなことで定評がありますが、アンチグレアフィルムを貼ることで、ディスプレイの画質は下がってしまいます。画質を優先してグレア（光沢）フィルムを選ぶのか、アンチグレアフィルムを選ぶのか。僕は、多少の画質を犠牲にして見やすくなることを選びました。

iPadにおすすめのアプリ10選

これまで、Evernote、GoodNotes 5、Dynalist、OmniOutlinerを各章で紹介してきましたが、これらのアプリ以外にも便利なアプリがまだまだあります。ここでは、日々便利に使っているアプリを紹介します。

【情報の授業で使えるアプリ】

・アルゴリズム図鑑

ＩＴ業界で必要とされる最低限のアルゴリズムを、わかりやすい図で説明してくれるアプリです。ソートやリスト探索、公開鍵暗号方式など、「情報の科学」や「情報Ｉ」で教えることになっているアルゴリズムの説明も見ることができます。アプリ自体は無料でダウンロードできますが、すべてのアルゴリズムの説明を見るためにはアプリ内課金（２０２０年3月現在は３７０円）が必要です。僕は３７０円ですべてのアルゴリズムのわかりやすい説明を見られるのならと思い、すぐにお金を支払いました。正直な話、授業でアプリの画面をそのまま使いたいと思うレベルの完成度です。アルゴリズムについて説明する際の予習に最適なアプリです。

・Pythonista 3

iPadやiPhoneでPythonというプログラミング言語を使いながらプログラミングが学べるアプリです。作成したファイルはiCloudに保存されますし、実行時に作成された変数の中身もモニター

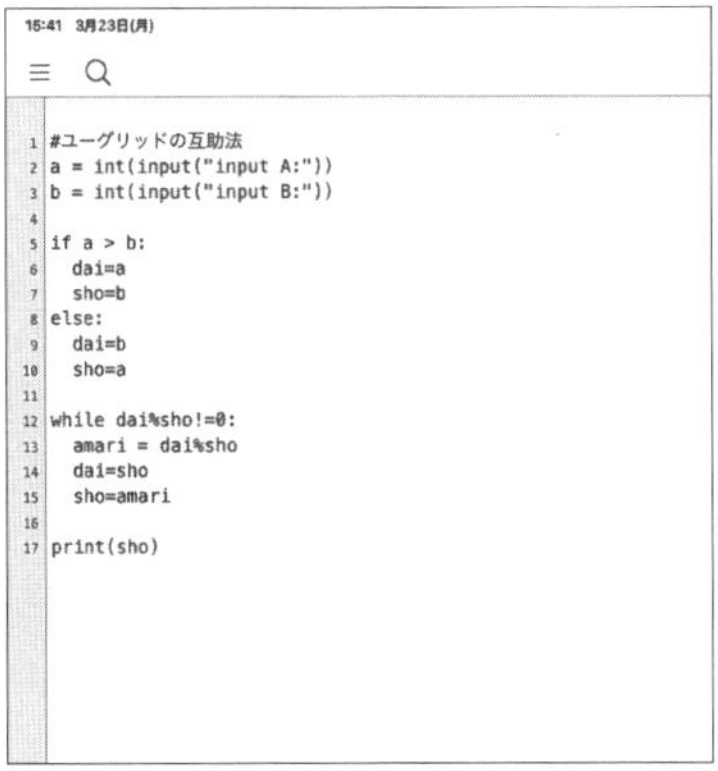

Pythonista 3

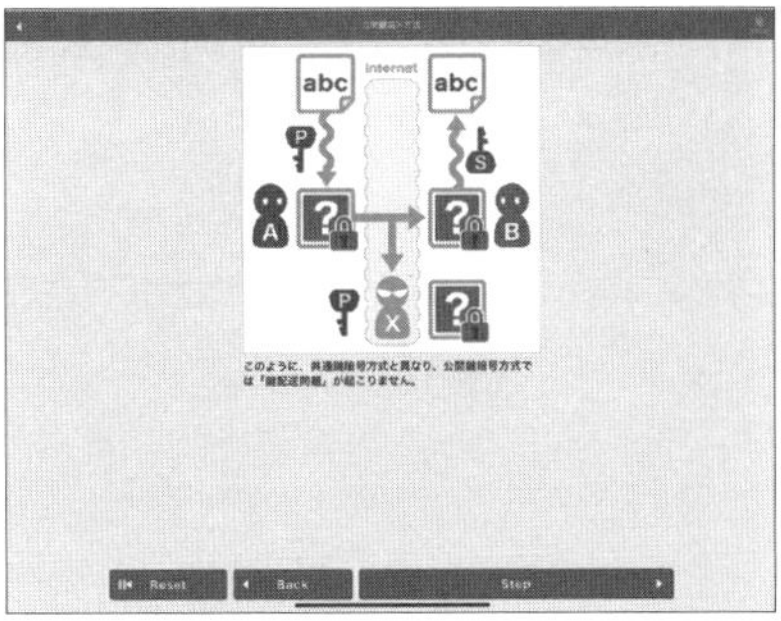

アルゴリズム図鑑

できます。また、iPadの画面に描画したり、タッチ操作を行うためのコードも登録されているので、iPad単体で動くゲームやアプリの制作も可能です。Pythonの統合開発環境をパソコン上に用意するためには、そこそこの手順が必要ですが、iPad上でPythonを動かすならこのアプリをインストールするだけで済みます。使用用途はパソコン版Pythonよりも限定されますが、アルゴリズムの仕組みを学ぶ程度のプログラミング学習には十分使えます。価格が１８００円と高めですが、この価格で開発環境が用意できるのなら安いものです。★

・ピョンキー（Pyonkee）

Scratchというブロックプログラミングアプリの iOS移植版です。Scratch公式アプリではありませんが、Scratch Source Code Licenseに準拠して作られています。移植に使われたScratchのバージョンは1.4です。２０１９年１月にScratch3.0がリリースされたので、２代前の移植版となりますが、ブロックの色がハッキリしていて見やすく、初めてScratchを使う人に向いています。移植に伴って

★ただし、工夫すればｐｉｐコマンドをインストールできるものの、機械学習系のライブラリはインストールできませんでした。

ピョンキー

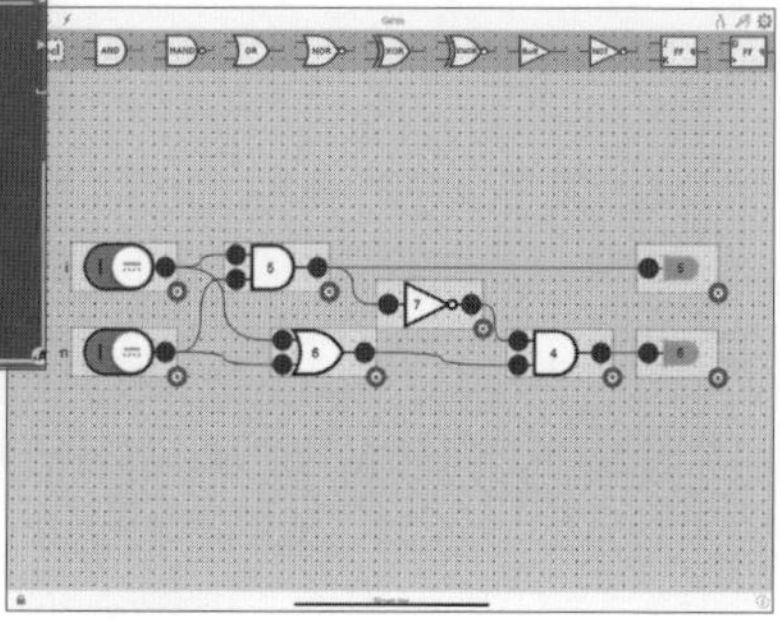

デジタル回線シミュレータ

iCloud Driveに保存する機能も追加されているので、iPadの「ファイル」アプリを経由してOneDrive等のクラウドストレージサービスに保存することもできます★。

・デジタル回線シミュレータ

「情報の科学」のディジタル化という単元で、論理回路について学びます。このアプリは、スイッチやLED、論理回路などのアイコンをつなぎ合わせることで、回路を作成するためのものです。作成した回路にスイッチを取りつけて、画面上のLEDを点灯することもできます。AND回路やOR回路などの説明や、半加算回路のシミュレーションに使えます。

・Calc2-10-16

入力した数字をボタン一つで2・10・16進数に相互変換することができる便利なアプリです。ディジタル化の単元で活躍します。もちろん僕自身は手計算でも求めることができますが、念のため確認するといった

★僕は授業で扱うプログラミング課題のファイルをすべてiPadに入れて、生徒に指導する際に役立てています。帰宅した後もソファーでゆっくりしながらブロックプログラミングを楽しめるのでおすすめです。

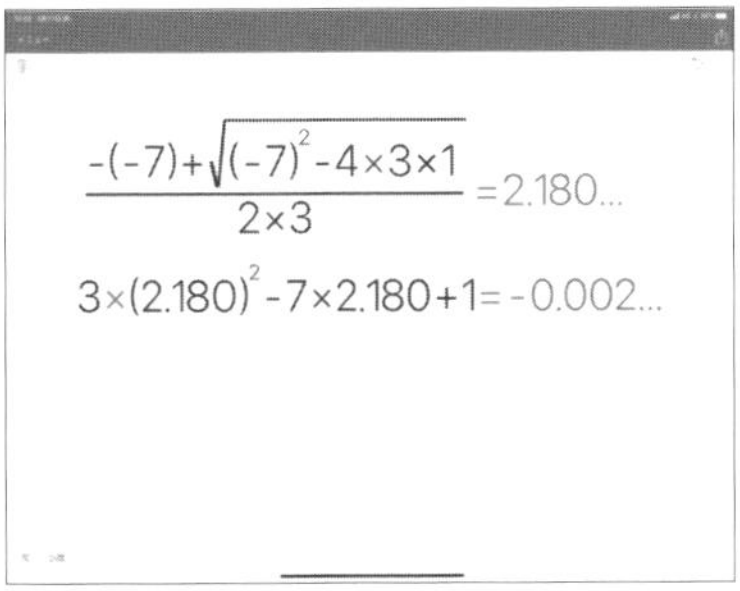

MyScript Calculator 2

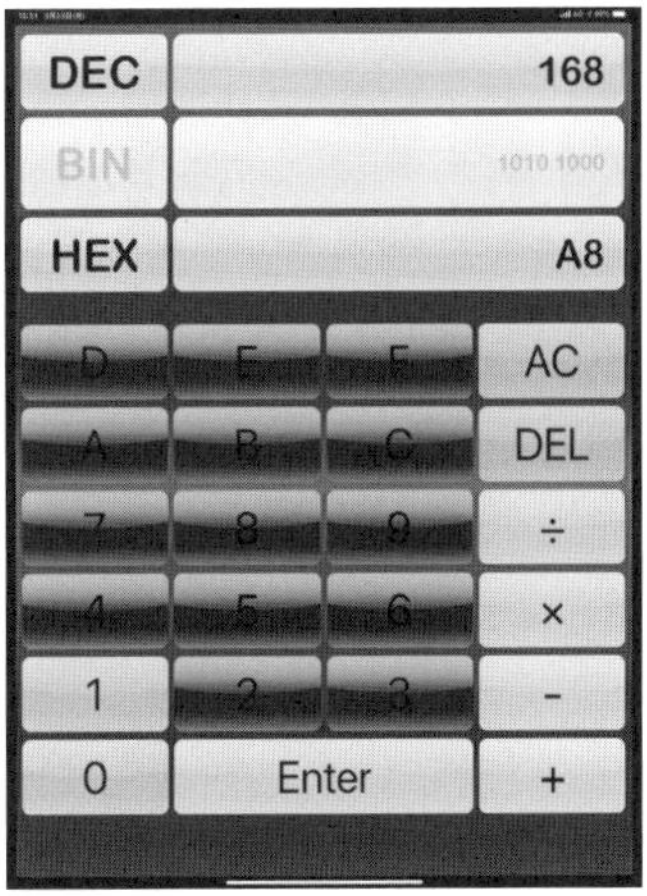

Calc2-10-16

際にこのアプリで検算します。Windowsパソコンが手元にあれば電卓アプリでも解決できますが、さっと計算したいなと考えているときに手軽に使えます。情報の教員ならこの便利さが身に染みるはずです。

・MyScript Calculator 2

手書きで書いた数式を自動で解いてくれるアプリです。手で書いた数字や演算子を認識して、答えを表示してくれます。僕は授業中に生徒の前で計算を失敗したくないので、このアプリに計算させているところをプロジェクターで投影して、答えを確認しています。数学の授業にも使える便利アプリです。

【ホームルームで使えるアプリ】

・aBingo

ホームルームの時間に席替えを行う際に使っているアプリです。元はビンゴの番号を引くためのアプリですが、範囲を1～40までの数字にして、重複なく数字

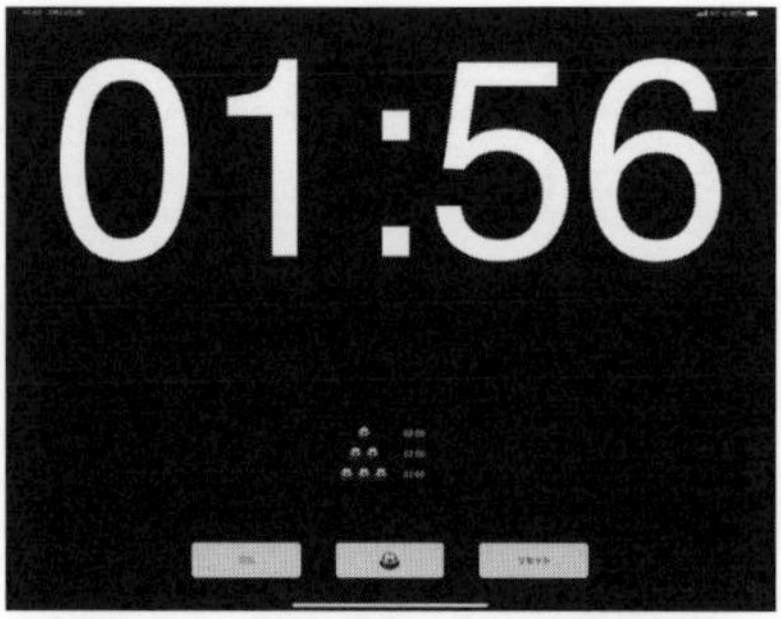

プレゼンタイマー

a Bingo

を引くように設定すれば、席替えを行う際のくじに使えるのです。くじ引きで席替えをしようとすると、生徒の人数分のくじを用意して、箱の中から1枚ずつ引く方式が一般的だと思いますが、このアプリを使えばくじを作成する手間が省けます。一度画面をタップするとルーレットが始まり、再度タップすると画面が止まって数字が表示されるようになっています。このアプリを表示したiPadを生徒に操作してもらい、くじを引いてもらうわけです。これで実際に席替えをしてみると生徒は結構楽しんでくれて、決まった席の組み合わせで様々なドラマが起こってきました。

・プレゼンタイマー

ファミレスのレジに置いてある「チン！」というベルの音が鳴るタイマーアプリです。1回鳴らすタイマーと、2回連続鳴らすタイマーと、3回連続鳴らすタイマーをそれぞれ設定できます。経過時間や残り時間が見やすく表示されるので、発表会のタイムキーパーとして使えます。近頃の学校現場では生徒に発表させるような活動が増えてきたので、活躍する機会が多いアプリです。

Fantastical 3

【スケジュール管理アプリ】

・Fantastical 3

見た目がお洒落でサクサク動くカレンダーアプリです。Mac と iPad と iPhone の3種類のデバイスで内容を同期することができるので愛用しています。デイリー、ウィークリー、マンスリーのカレンダーに切り替えて使うことができます。紙の手帳と異なり、予定を書き写さなくてもすべてのカレンダーに予定が反映されるのがデジタルカレンダーの良いところです。

予定を追加する際の言語理解機能が優秀で、「13時に公園で待ち合わせ」と入力すると、時間と場所を別の項目として記録してくれます。また、カレンダーの中に iOS のリマインダーの内容も表示してくれるので、予定とタスク両方をカレンダーの中で確認できます。もちろんタスクにチェックを入れて実行済みにすることもこのカレンダー上でできます。今日の予定とタスクを確認して、「これはやった、これも済んだ、こっちはさっき終わった。このあとの予定はこれだな」といった具合に一日を過ごせます。

さらに、iPad版では、iOSリマインダーと併用して使うことで、タスクに設定した日付や時間をカレンダー上で動かしながら変更できます。マンスリーカレンダー上でタスクの実行日をずらしたり、ウィークリーカレンダー上で予定の時間を前後させたりと、スケジュールの微調整が楽にできるわけです。iOSリマインダーで同じことをやろうとすると、タスクの詳細画面から日時を変更しなければなりませんが、このアプリでならカレンダー上で作業できます。

ただし、このカレンダーアプリはバージョン3に上がってからサブスクリプションで料金がかかるようになりました。毎月支払うと６１０円で、1年間分を先に支払うと、月額換算で４０８円です。カレンダーを使うことにこの金額が高いと思うか安いと思うかは人それぞれですが、僕はMac版もiPad版もiPhone版もフル活用しているので年払いで利用しています。★

・GoodTask 3

iOS標準のリマインダーと同期できるタスク管理アプリです。リマインダーに足りない機能を、このアプリを使って補うことができます。

タスクリストの上部にカレンダーが表示されており、そのカレンダーの日付をタップすることで、その日に実行するタスクを登録できます。これって実はすごいことなんです。iOSリマインダーで同じことをやろうとすると、詳細を設定する画面を開いて日付を指定する必要があるんですが、

★買い切りでカレンダーアプリを使いたい（月額払いはいやだ）という方には「Calendars 5 by Readdle」というカレンダーアプリをおすすめします。マンスリーカレンダー上に、日付が指定されているリマインダーも表示することができます。
なお、iOS標準カレンダーもマンスリー形式で表示できますが、リマインダーの内容が表示できません。予定もタスクも、iPad上でマンスリー形式で確認するには、こうした別のアプリが必要なのです。

GoodTask 3はこの作業がカレンダーを見ながら楽にできるのです。「この日にこれをやろう」と思い立ったらすぐに日付を指定したタスクを登録できるのがこのアプリの特徴です。★

また、通知する場所の設定も簡単で、マップ上の指定の場所を指で長押しするだけでピンが立ち、その場所付近に到着したら通知するという設定が完了します。この「場所を指定するっていったらこの作業だよな」と考えられる作業が、iOSリマインダーではできなかったのです。リマインダーを更に使い勝手の良いものにしてくれる性能強化版リマインダーとも呼べるでしょう。

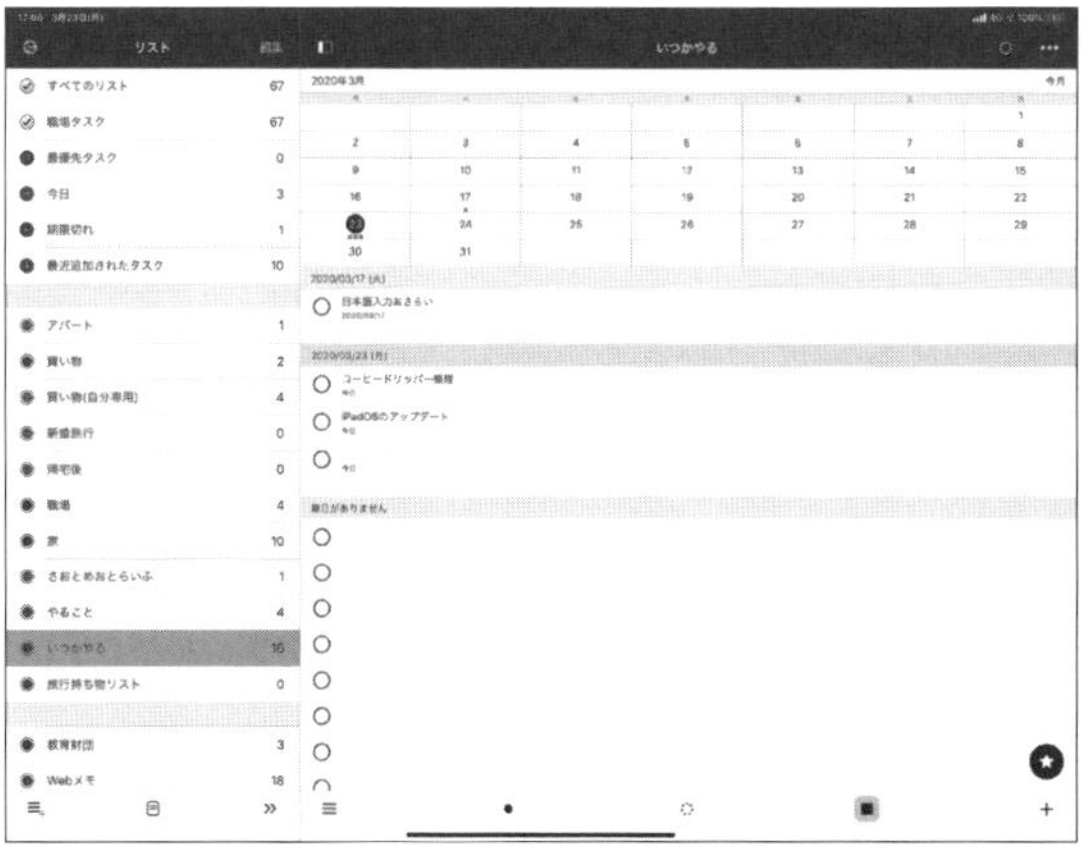
GoodTask 3

クラウドストレージサービス

・OneDrive

Dropbox や GoogleDrive、iCloudDrive など、クラウドストレージサービスが増えてきました。★ 僕が現在契約しているクラウドストレージサービスは、Microsoft 社の OneDrive です（画像 5-6）。月額1100円ほどで契約でき、1TBの容量を使うことができます。動画を保存したら使い切ってしまいそう

★ちなみに他のタスク管理アプリの多くはリマインダーの中身をアプリ内に取り入れて、リマインダーを空にしてしまうものが多くありますが、GoodTask 3は同期して使うのでリマインダーの中身を消しません。なので、iOSリマインダーを見ても、GoodTask 3を見ても、同じタスクのリストが確認できるのです。GoodTask 3で作成したタスクの通知をiOSリマインダーを通してApple Watchで受けとるということももちろん可能です。

★Evernoteはクラウドノートアプリですが、PDFやOfficeのファイルを保存できるので、クラウドストレージサービスのように使えます。

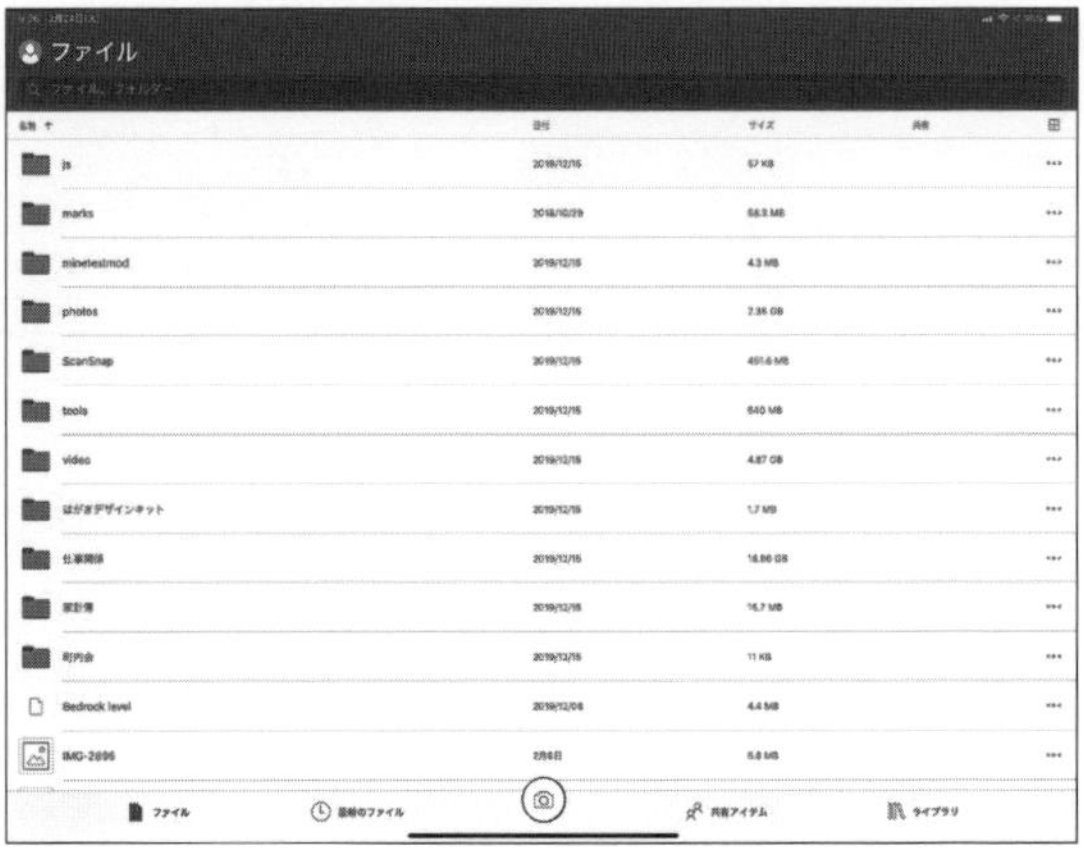

画像 5-6　OneDrive

ですが、教材やテキストなどのテキストデータであれば早々容量不足に陥ることはないでしょう。僕自身未だに50ＧＢほどしか使っていません。（いや、使いすぎか?:)）。

OneDrive の有料会員の良いところは、MicrosoftOffice の最新版がパソコンやタブレット端末など合計5台までインストールできる点です。ここ数年で、ソフトウェアの購入はパッケージを購入するという形ではなく、月額や年額で料金を払っていくというサブスクリプション型が増えてきました。Microsoft も Office365 というサービスで Office 製品を販売しています。２０１９年現在では、１万１８００円（Amazon 価格）で Office365Solo という製品が購入でき、１年間 Office のソフトウェアと OneDrive を１ＴＢ使用できます。★

買い切りが良いのか、サブスクリプションが良いのか

近頃はアプリの購入形態が変わりつつあります。スマホやタブレット向けのアプリが配信され始

★ MicrosoftOffice はおよそ3年周期でバージョンアップされており、従来のパッケージ版を新規で購入すると3万4800円かかります。Office365Solo を契約することはつまり、年額1万1800円で常に最新版の Office 製品を購入しながら OneDrive 1ＴＢも使うことができると捉えることもできます。
　Dropbox や GoogleDrive で有料会員になると、月額1200〜1300円で2ＴＢの容量を使えるようになりますが、容量を半分の1ＴＢにして最新版 Office 製品が使えるなら、十分にお得なサービスです。

めた頃は、無料で使える代わりにアプリ内に広告が表示される無料版と、機能制限が解除されて広告も表示されなくなる有料版の2通りが用意されていました。

有料版を購入すれば、機能制限が解除されたいわば完全版を常に使えるので、長く使うユーザーにとってはお得でした。しかし、アプリ開発者側からすると、そのアプリを使いたいと思い有料版を購入したユーザーが飽和状態になった時点で売上が低迷し、それでもアプリのサポートを継続しなければなりません。iOS や iPadOS は常にアップデートされていきますし、iPad の種類に新しい画面サイズが加わると、その画面に問題なく表示できるようにアプリ側も対応を迫られます。

この開発コストの問題を解決する一つの手法として、「サブスクリプション」を導入しているアプリ開発者が増えてきました。サブスクリプションとは従来の買い切りとは違い、月額や年額で利用料を支払っていく購入方法です。★アプリ開発者が、そのアプリのサポートを継続していくことに加え、常に新しい機能を追加するという名目でサブスクリプションを導入するケースが増えてきました。

これまで買い切りだった有料アプリが、途中からサブスクリプションを導入することについては、ユーザーによって賛否が分かれています。買い切りだった頃にアプリを購入した人にとって、一度支払った料金に加えて月額の支払いが発生することを不満に思うようです。一方で、新しい機能の追加や今後のサポートを期待したり、アプリ開発者を応援したりする気持ちを込めて快く利用料を支払うユーザーもいます。

★音楽配信サービスやビデオ配信サービスもサブスクリプションです。

コラム

GoodNotesに計算履歴を残しておく

まだ教員採用試験に合格する前、僕は個別指導塾の講師として働いていました。その頃もiPadにGoodNotes（当時はバージョン3でした）をインストールして、教材を入れて活用していました。

特に、数学を教える際にはGoodNotesは大活躍しました。高校入試の過去問を解いていると計算用紙が必要となるので、紙が何枚あっても足りません。計算過程のメモはすべてスタイラスペン（当時はApplePencilもまだ発売していませんでした）を使ってiPadに書き殴りました。

この問題を解いたときの計算メモは、あとになって役立ちました。苦労して問題を解いて、ようやく終わって頭の中がスッキリしたその瞬間は解き方を覚えていますが、それから何日か経つと忘れてしまい、「あれ？　この問題はどうやって解いたんだっけ？」という状況になってしまうことが度々ありました。そんなときにGoodNotesに保存してある手書きのメモを見ると、計算していたときのことを思い出しやすくなるわけです。

計算過程のメモを捨てて（または消して）しまうと、内容を思い出すことに時間を使うだけでなく、過去に苦労して解いた内容をもう一度解き直す作業が必要となるのです。実際のところ、iPadとGoodNotesを活用する前は、似たような問題を時間をかけて何度も解いた記憶があります。GoodNotesを使うようになってからは、過去に書いたメモ書きでさえも宝物であり、未来の自分へのプレゼントだと思うようになりました。

6

キーボード談義

iPadに常にキーボードを取りつけておく必要はありませんが、ソフトウェアキーボードのみで文字入力を行うのには限界があります。

そこでこの章では、僕が愛用し続けているキーボードの紹介や、仕事の効率が飛躍的に上がるタイピング上達方法なども紹介します。

キーボードは生涯使えるインターフェイス

iPad とキーボードの位置関係

iPad 用のキーボードとして、キーボードとケースが一体となった「Smart Keyboard」が Apple より販売されています。ただし、薄型のキーボードとしては値段が高いのが難点です。iPad に常にキーボードを取りつけておく必要はなく、できれば本体のみの軽さを活かして使いたいものです。しかし、ソフトウェアキーボードのみで文字入力を行うのは限界があります。

僕はずっと、iPad でもパソコンでも同じキーボードを使いたいと考えていました。使うコンピュータが変わる度にキーボードの使い勝手が変わってしまっていては、それがストレスとなるからです。たとえ iPad だろうが自宅のパソコンだろうが、どのコンピュータでも同じように文字入力したいのです。

そんなとき出会ったのが、東京大学名誉教授、和田英一先生の言葉でした。

「アメリカ西部のカウボーイたちは、馬が死ぬと馬はそこに残していくが、どんなに砂漠を歩こうとも、鞍は自分で担いで往く。
馬は消耗品であり、鞍は自分の体に馴染んだインタフェースだからだ。
いまやパソコンは消耗品であり、キーボードは大切な、生涯使えるインタフェースであることを忘れてはいけない。」（Happy Hacking Keyboard | PFU https://happyhackingkb.com/jp/）

このインターフェイスに対する考え方に強く共感してからというもの、僕は大学生時代に「HappyHackingKeyboard（略してHHKB）」というキーボードを購入し、10年間使い続けてきました。静電容量無接点方式という劣化しにくい構造をしていて、キーを一番奥まで押し込まなくても入力を検知して反応してくれます。この仕組みが長寿命を実現していて、10年使っても一切調子が悪くなりませんでした。

キーボードには種類がある

キーボードなんてどれも同じにしか見えないという方もいらっしゃるかもしれませんが、種類によって内部の構造が全く違います。

デスクトップ型パソコンに付属しているキーボードは大抵がゴムの反発を利用した「メンブレン方式」です。また、ノートパソコン用の薄いキーボードもパンタグラフ構造をしていますがキーの反発にはゴムを利用しています。僕は元々、キーを強く押してしまう傾向があり、メンブレン方式やパンタグラフ方式だと1か月程度でゴムが劣化してしまいました。また、メカニカル式はキーを叩く音が気になってしまい、使うことを断念していました。★

自分がどれだけ入力しても壊れない、丈夫なキーボードはないものかと探していたところ、「静電容量無接点方式」という物理的な接点がない構造をしているタイプのキーボードを見つけました。

２０２０年現在日本のメーカーが販売している静電容量無接点方式のキーボードは、株式会社東

★ eSportsの分野ではカチカチと音が鳴るスイッチを利用したメカニカル式が流行していますが、物理スイッチであるため寿命があります。

プレが販売している「REALFORCE」シリーズと、その部品を使って作られた株式会社ＰＦＵの「HappyHackingKeyborad」（以下「HHKB」）です。

無人島に一つだけキーボードを持っていってもよいと言われたら、間違いなくHHKBを選びます。その素晴らしさについて少しだけ熱く語らせてください。

HHKBについて

HHKBはUNIX配列（ＵＳ配列に近いもの）を採用していて、一般的なＪＩＳ配列とは記号の位置やEnterキーの大きさが異なります★。

特徴的なのは、Ctrlキーの位置です。HHKBでのCtrlキーの位置は「Ａ」の左側に配置されています。ホームポジションで考えると、左手の小指を左に１つずらすだけで届く位置です。Ctrl＋Ｃ（コピー）やCtrl＋Ｖ（貼りつけ）をよく使う人にとって、Ctrlを手元を見ずに押すことができるのは本当に快適なことです。また、記号の位置はＵＳ配列と同じなので、Shiftキーを押すことなく「＝」が入力できたり、「[」と「]」が隣同士に並んでいるのもＪＩＳ配列にはない魅力です★。

僕がiPadを使う人に特におすすめしたいHHKBは、２０１９年12月に発売したHHKBの新型「Happy Hacking Keyboard HYBRID Type-S」です（画像6-1）。Bluetoothでの接続先を４台まで登録できて、ＵＳＢ-Ｃケーブルでの有線接続にも対応しています。つまり、無線と有線とのハイブリッド接続が実現したHHKBなのです。これまでのHHKBはＵＳＢ接続対応モデルと、

★例えば、ＪＩＳ配列では「Ａ」の左はCapsLockです。ホームポジションに正しく指を置くと「Ａ」の隣という指が届きやすい位置に、日本語圏ではほとんど使われることのないCapsLockが置かれているのです。使われるどころか、パスワードの入力ミスにも繋がっているキーが、押しやすい位置に配置されています。

★iPadにキーボードを接続すると、基本的にはUS配列として認識されるので、パソコンでもiPadでも同じキーボードを使いたいと考えるとUS配列に慣れる方が合理的なのです。

画像6-1　Happy Hacking Keybord HYBRID Type-S

Bluetooth接続のみ対応モデルとに別れていましたが、両方の接続方式に対応できた新型が「HYBRID」という名前で発売しました。★HYBRIDモデルの中でも更に上位機種である「Type-S」は、通常のHHKBよりも静かに入力することができる静音化モデルです。通常版のHHKBは入力作業中に打鍵音がそこそこ響いてしまうのですが、Type-Sモデルだと音が響かず本当に静かです。静電容量無接点方式を採用して静音化にも力を入れたHHKBは、自宅のパソコンにも、iPadにも、職員室のパソコンにも接続できて、いつでもどこでもタイプするのが楽しくなるようなキーボードです。★

お気に入りの万年筆を使っているような感覚を、キーボードで味わってみてはいかがでしょうか。物に対してこだわりをもっている方におすすめしたいキーボードです。

★しかもキーボード側から接続先を変更できるので、パソコン側から接続作業を行うことなく入力を開始できます。

★妻との結婚式を挙げる際、ウェディングケーキの上に好きなものを乗せようということになりました。僕は迷わず「チョコレートで作られたHHKBを乗せたい」と妻に進言し、ドン引きされました。結婚式当日、参列者もみなドン引きしていましたが、僕のHHKBへの愛が皆さんに伝わったことが何より嬉しく思いました。

タイピングスキルを上達させよう

ショートカットを覚えるよりもタイピングスキルを

仕事術系の本で、よく「ショートカットキー」というものが紹介されています。キーボードの複数のキーを組み合わせて押すことで、マウスで何度かクリックしなければならない操作と同じ動作をさせるものです。片方の手でマウスを握っているときは、もう片方の手が空いているはずなので、キーボードも同時に使えば効率が上がりますよという旨で紹介されているものが多くあります。

僕もショートカットキーはよく使いますが、そもそもショートカットキーを覚える以前にマスターすることで、仕事の効率がかなり上達する技があります。タッチタイピングです。キーボードの手元を見ずに、画面だけを見ながら入力する作業のことです。

僕は高校時代にタイピングソフトを使って練習し、手元を見ずに入力することができるようになりました。この本の原稿執筆時点でのタイピング速度は、e-typing（タイピング練習サイト）の腕試しレベルチェックで「448 Professor」です。上には上がいるとは思いますが、まずまずの速さだと思います。キーボードを打つ速さに明確なボーダーラインというものはありませんが、手元を見ずに入力できるようになれば、それだけで仕事の効率がかなり上がります。★ 文書の作成、論文の執筆、テスト問題の作成などの作業では必ず長い文章をキーボードで入力します。教科書の文章がテキストデータで利用できるようになっていたとしても、全くキー入力をしないということはあり得ません。

中には我流でタイピングスキルを身につけ、そこそこの速さで入力できる方もいらっしゃると思

★一昔前はブラインドタッチと呼ばれていたスキルですが、全盲の方への配慮からブラインドという単語が使われなくなり、タッチタイピングと呼ばれるようになりました。

います。e-typingでスコアを計測しても、我流で200は超えられるでしょう。★ ただし、指の場所を我流で覚えてしまうと、入力中にキーボードに視線を落とすことがどうしても増えてしまいます。すでに我流で慣れてしまったとしても、正しい指でタイピングを行うスキルを身につけることで、更に入力効率が上がることが見込めます。

極端なことを言うと、タイピングさえ速くなれば、大半の仕事が早く片づきます。パソコンの操作の大半が早くなるのですから。「Excel便利技」や「仕事の効率が上がるショートカットキー」などを覚えるよりも前に、まずはタッチタイピング習得に力を入れてみてください。次の項では、だれもがタッチタイピングを習得することができるとっておきの練習方法を紹介します。

タイピング上達法① ホームポジションをマスターする

キーボードを見ずに打つ、タッチタイピングの練習方法を紹介します。まずは、ホームポジションの確認です。キーボードの表面をよく見てください。「F」と「J」のキーに突起がついています。「F」に左手の人差し指を、「J」に右手の人差し指をおきます。それぞれの指でキーを撫でてみると、指先で突起を感じることができます。この突起がついている理由は、手元を見なくても、人差し指でこの突起を探せば、画面を見たままマウスから手を離してそれぞれのキーの上に指をセットすることができるようにするためです。

すると、左手は人差し指から小指に向かって「F」「D」「S」「A」のキーの位置にそれぞれの指をセットできます。右手は人差し指から小指まで「J」「K」「L」「;」のキーの位置にあるはずです。

★音声入力を使うという手もありますが、微調整をする際にキーボードは必須です。

画像6-2　キーボードのホームポジション（○がついたキー）

この8つのキーをセットで「ホームポジション」と呼びます。入力を開始する際には、このホームポジションの位置に指をセットします（画像6-2）。

そして写真の通り、各指が担当する位置が決まっています。左手の小指が「1QAZ」、薬指が「2WSX」、中指が「3EDC」、人差し指が「4RFV」と「5TGB」、右手の人差し指が「6YHN」と「7UJM」、中指が「8IK,」、薬指が「0OL.」、小指が「0P;/」です。それよりも右側からEnterキーまでの記号すべてが小指の守備範囲です。どの指でどのキーを押すのかすべて決まっているのです。上の段に移動するごとに左にずれて、下の段に移動するごとに右にずれていくのが特徴です。それぞれの指の動きを練習することで、正確に入力できるようになり、次第に速く打てるようになります。

タイピング上達法② ローマ字入力上達の裏技「あいうえお」

ローマ字には子音と母音があります。どのひらがなを入力するにしても、必ず使うのが母音です。つまり、ローマ字での入力速度を高めたい場合は「あいうえお」の5つのキーの入力速度を高めるのが近道です。

順番に確認しましょう。「あ」は左小指、「い」は右手中指上段、「う」は右手人差し指上段、「え」は左手中指上段、「お」は右手中指上段の位置にあります。「あ」以外はすべて上段にありますね。この指の組み合わせを覚えた上で、メモ帳アプリなどを起動して、ひたすら「あいうえお」を入力してみてください。★この5つの文字が速く入力できるようになれば、か行「かきくけこ」は「あいうえお」のそれぞれのキーの前に「K」を右手中指で押すだけです。すべてのひらがなを入力する際に必ず「あいうえお」のどれかを入力することになるので、頑張って覚えるとこれだけで速くなりますよ。

タイピング上達法③ タイピングソフトでひたすら練習する

僕がタッチタイピングをマスターするために使ったタイピングソフトを紹介します。

・Ozawa-ken（初級～上級）

比護賢之（ひご よしゆき）さんが開発した対戦格闘ゲーム風タイピングソフトです。アルファベットの瓦割りモードや格闘モードなどが実装されていて、これ一つで十分タイピングの練習が楽しめる構成になっています。

・毎日パソコン入力コンクール（初級～上級）

毎日新聞社が主催しているタイピングのコンクールです。「毎パソ」とも呼ばれます。高校生までに限り、夏大会と秋大会のどちらかで上位に入賞すると、冬に開催される全国大会に出場すること

★もし「あいうえお」を入力する練習の際に打ちミスが目立つようなら、「あいう」と「えお」に分けて練習してみてください。一度に連続で打とうとしてミスが出るなら、頭の中で2つに分けて打つということを心がけてみてください。

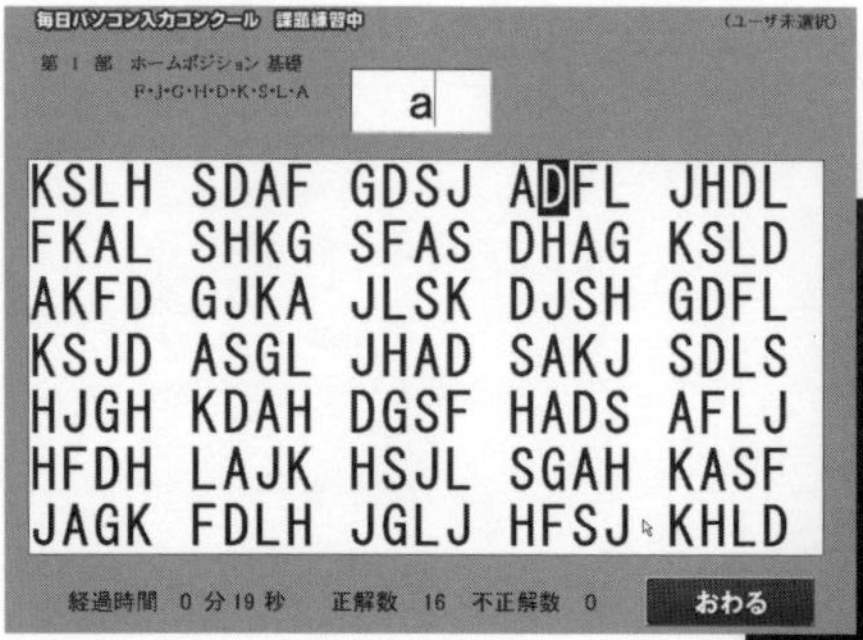

毎日パソコン入力コンクール

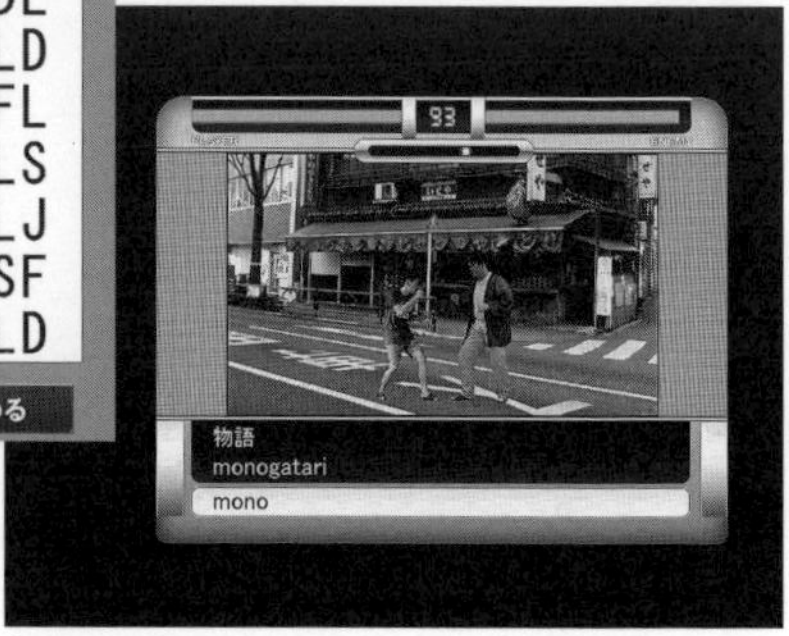

Ozawa-ken

ができます。

近頃ではそろばん塾がタイピングの練習を取り入れて、毎パソの練習をさせているところが多いです。ホームポジションとして指をセットする段のキーだけのモードから、毎日新聞の社説を入力するモードまで、幅広い難易度の課題が用意されています。★

・打打打2（初級〜中級）

落ち物ゲーム風タイピングゲームです。キーを押すと上からミサイルが降ってきて、アルファベットのブロックを破壊します。

このアプリの良いところは、指ごとに練習するモードが用意されている点です。他の多くのタイピングアプリはキーボードの段ごとの練習が用意されていることに対して、このゲームは指ごとにモードが別れています。中指だけ練習したい！　とか小指だけ練習したい！　という場合は、このアプリがおすすめです。★

★僕の教え子も全国大会に出場した経験があり、日々の情報の科学の授業でも必ず練習させているソフトウェアです。

★ホームポジションを徹底的にマスターするためにはこれしかない！　と僕が思っているアプリです。
実際に僕の授業では、一番最初にこのアプリを使って生徒に練習させています。

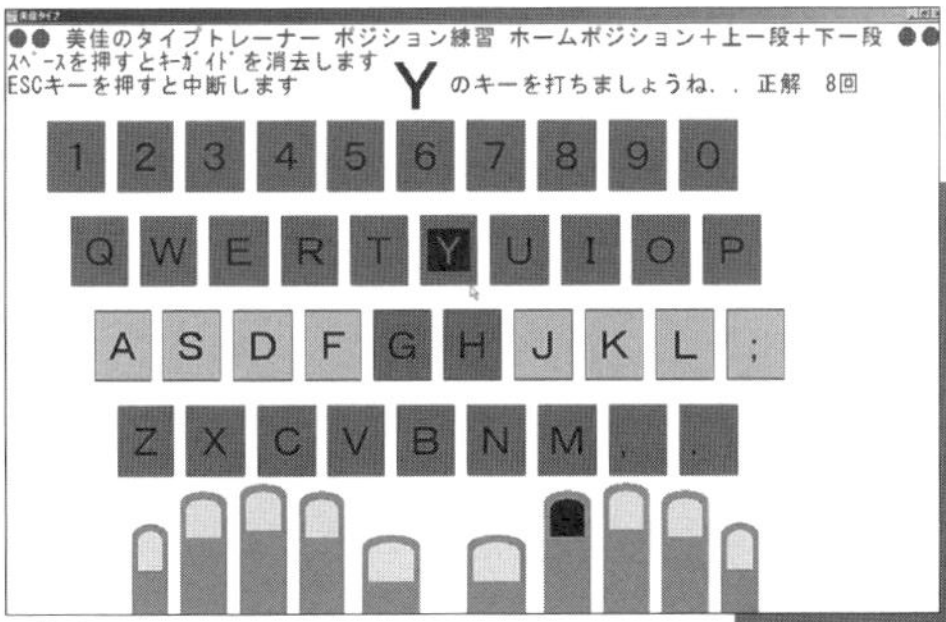

mikatype

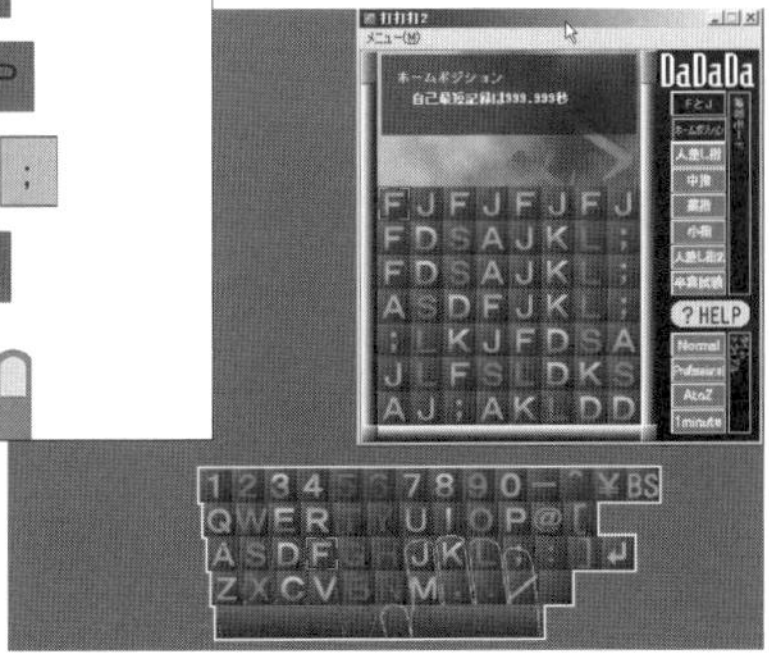

打打打２

・mikatype（初級～上級）

「美佳のタイプトレーナー」という名前で公開された学校教育用に作成されたタイピング練習ソフトです。他のどのタイピングソフトよりも軽くてシンプルな作りです。

ホームポジション練習からローマ字練習まで幅広くモードが用意されています。

個人的に気に入っているのは、練習中にスペースキーを押すと、キーボードのアルファベットが非表示に切り替わることです。生徒がタイピングをやっている最中に、すっとスペースキーを押して消してやったりします。指とキーボードが画面に表示されているので、手元を見なくてもいいよと声がかけやすいソフトです。教育向けとして作成されたのは伊達じゃないですね。

タイピング上達法④「ポップコーン」

そろそろホームポジションを守りながらのタイピ

ングに慣れた頃でしょうか。僕はよく、次のステップとして「ポップコーン」という単語を速く正確に入力する練習を勧めています。カタカナへの変換はしなくても良いので、入力する文字は「ぽっぷこーん」です。この単語を入力しようとすると、ほとんどの人がミスを連発します。理由は、右手の小指を酷使する単語だからです。「ぽっぷこーん」をローマ字入力する際に押すキーは「poppuko-nn」です。このうち「P」と「-」が小指で押すキーです。それが4回も登場します。そのうち2回は連続で押します。特に前半の「poppu」の部分は右手で小指、薬指、小指小指、中指の順番で押すため、最初は打ち間違えが多いのです。後半では一旦中段に指を戻した後、中指、一段上がって薬指、更に一段上がって小指の順に指を押していきます。最後に一気に下段まで飛び人差し指を2回押すのです。ローマ字入力において、「ぽっぷこーん」という単語がいかに指の動作の正確さを要求されるかおわかりいただけたでしょうか。★ 速さと正確さを求めるのなら、Wordやメモ帳を開いている際に練習してみてください。

タイピング上達法⑤ 左右のShiftキーを使い分ける

アルファベットの大文字を入力したり、日本語入力中にアルファベットを入力したりする際に使うShiftキーは、キーボードの中の両端に用意されています。理由は、文字を入力するためのキーを押すために使う指とは反対の手の小指で押しやすいからです。★ 例えば、「T」を大文字で入力する際は、左手の人差し指で「t」のキーを押すので、右手の小指で右Shiftキーを押します。反対に「J」を大文字で入力する際は、右手の人差し指で「j」のキーを押すので、左手の小指で左Shiftキーを押

★この単語の練習を繰り返すことで、右手の小指を器用に動かす練習になります。右手だけで入力できる単語なので、特訓にも向いています。

★「?」を入力する際に、よく右手の小指で右Shiftキーを押しながら他の指で「/」キーを押したりする人もいますが、「?」を入力するなら左手の小指で左Shiftキーを押しながら右手の小指で「/」を押すのが正しい指の動かし方です。

します。

トラックボール礼賛

パソコンを操作していると、ストレスを感じることがよくあります。大まかに分類すると、「性能が不足していて動作が遅いときに感じるストレス」と、「マウスやキーボードで操作をする際に、自分の思い通りにマウスポインタが動かなかったりするときに感じるストレス」です。この2種類のストレスを常に感じながら作業をしていると、その作業自体が億劫になってしまうものです。キーボードに対する不満は、僕の場合はHHKBと出会うことによって解決しました。残る不満は、マウスです。

多くの先生方は、学校から支給されたマウスか、自前で購入したマウスをパソコンに接続して使っていると思います。ただ、僕としてはマウスというデバイスそのものに不満をもっています。マウス操作は手だけでなく腕全体を動かす必要があるので、多用する人にとっては腱鞘炎の原因となるのです。稀にノートパソコンのタッチパッドですべての操作を行う人も見受けられますが、MacBookのように面積が広くないWindowsノートパソコンのタッチパッドだと作業効率がぐっと下がってしまいます。目的の場所にマウスポインタを運ぶだけでも一苦労です。

そんなマウスに替わる、もっと効率よくパソコンを操作するデバイスが、「トラックボール」なのです。トラックボールは、マウスのようにそのものを動かすのではなく、ボールを指でコロコロと転がすだけでマウスポインタを操作できるポインティングデバイスです。指先だけでボールを転がしてマウス操作ができるので、操作をしていて全然疲れません。

　トラックボールをマウスと同じように扱うためには多少の慣れが必要で、最低3日～1週間はかかりますが、それを乗り越えるとボールを転がすことが楽しくなって、パソコン操作自体が楽しくなってきます。パソコンの操作を長時間しすぎて腱鞘炎になってしまった方や、手首を痛めてしまった方にもおすすめです。

　ちなみに、iPadに搭載されるＯＳがiOSからiPadOSにアップデートされてからは、iPadにマウスを接続すると認識するようになりました。もちろんトラックボールもiPadで使えます。HHKBとトラックボール両方をiPadに接続すると、簡単な操作や文字入力などはパソコンと同じようにできるようになりました（画像6-3）。タッチパネルを搭載していて、指で触ったとおりに反応することがiPadの強みではありますが、マウスやトラックボールの方がしやすい操作もまだまだあります。iPadだからといって、すべての操作を指だけで行うよりは、トラックボールやキーボードを活用した方が効率的です。

画像 6-3　iPad に HHKB とトラックボールを接続したところ

おまけ

僕のストレス解消法

僕は、少しでも「あぁ、疲労が溜まって、限界が来たな」と思ったら、無理をせず帰宅するようにしています。最近は健康について考えるようになり、睡眠時間や自分に合ったリフレッシュ方法を取り入れることでストレスを感じることなく仕事に打ち込めるようになりました。

初任の頃の経験から

コンディションを維持するのが最重要

皆さんは、有給休暇を積極的にとっていますか？★ 多くの先生方は、消化しきれずに毎年のように繰り越しているのではないでしょうか。僕自身もこれまで使い切ったことがありません。

僕がまだ初任者だった頃、初任者研修の報告書がなかなか書けず、26時（夜中の2時）まで学校に残っていたことがありました。授業・職員会議・部活を終えてから明日の準備をして、21時頃から取り組み始めました。翌日が締め切りだったので内心大慌てでしたが、他の先生方が先に帰宅して職員室は一人だったので、ついだらだらしてしまう自分がいました。当然、画面に向かっても文章なんて少しも浮かんできませんでした。★

結局、夜中まで残ったにもかかわらず、翌日、報告書を提出することができませんでした。それどころか、翌日のコンディションが絶望的で、授業が入っていない空きコマは睡魔とひたすら格闘して、仕事は何一つ進みませんでした。授業中はなんとか教科書の内容を進めるのに精一杯で、肉体的にも精神的にもボロボロでした。

この悪循環に陥ったことから、「こうなるくらいなら、報告書を書くのを最初から諦めて、早く帰って睡眠をとったほうが良かったのではないか。そうすれば、せめて翌日のコンディションは良い状態で仕事に打ち込めたのではないか」と気づきました。生身の人間は、モバイルバッテリーさえあれば動き続けることができるスマホとは違い、きちんとコンディションを整えなければ生産性は下

★愛知県立学校では年次休暇、年休と略して呼んでいます。

★生産性という観点からこの状況を見たら、本当にひどい状態だなといまは思います。

がります。適度な睡眠に、三度の食事、身体の汚れも落とす必要があります。

そこで僕は、少しでも「あぁ、疲労がたまって、限界が来たな」と思ったら、無理をせず帰宅するようにしています。これ以上職場に残っていたとしても、仕事が大して進められないことを経験したからです。帰りのホームルームを終えて職員室に戻ってきたタイミングで限界がきたら1時間分の年休を取得して帰宅します。部活の主顧問をしているときは、最初の集合だけ顔を出して、あとは思い切って副顧問の先生に任せるという手もあります。

帰宅後は、睡眠時間に気を配るようにしました。★自分という人間が快適に生活するためには、生命維持にどれだけの時間が必要なのかを考えることから健康について考えるきっかけになり、ストレスを感じることなく仕事に打ち込めるようになりました。

「体力ゲージ」を意識してみませんか

これはあくまで僕自身が抱いているイメージの話ですが、人間には「体力ゲージ」のようなものがあるのではないかと考えています。まるでゲームのライフゲージのように。体力ゲージは活動していくとどんどん減っていきます。この体力ゲージを回復するためには、長時間睡眠をとることしか方法がありません。昼寝をしたとしても、体力ゲージが減っていくのを一時的に止めることしかできず、回復はしません。

この考え方から日々の行動を見直すことで、仕事の効率がぐっと上がります。例えば、起きたばかりの朝というのは、体力ゲージが満タンの状態です。つまり、普段ならあまりやりたくないよう

★以前、Scrapboxに睡眠時間を記録してみたことがあります。毎日の睡眠時間と目覚めの良さをメモし、自分自身に最適な睡眠時間を割り出しました。僕の場合は、23時30分より遅くに布団に入ると、翌日のコンディションに影響が出ることがわかりました。

なタスクも実行しようという気力も自ずと出てきます。エネルギーに満ちあふれているので発想力にも優れ、アイデアも湧いてきます。しかし、夕方になると体力ゲージが残り少なくなります。残りのゲージが少ないまま仕事をしていても、なかなか集中できず、余計にゲージを消費してしまいます。

この状況によく似ているのが一夜漬けで行うテスト勉強です。僕は高校時代に、テストが午前で終わったら午後から睡眠をとり、夕方から次の日の朝まで勉強し、そのままテストを受けるという生活を送っていました。結果は、4教科赤点で保護者召喚という事態……。いま思えば、いかにナンセンスな生活習慣であったのかわかります。コンディションを一番高めておかなければならないテストを受けるタイミングで、一番体力ゲージが減っているのですから。

ちなみに、脳は睡眠中に記憶の整理をしているともいわれていて、勉強の合間に睡眠を挟むのが良いそうです。勉強した後に良質な睡眠をとり、そのあとで復習をすると、短期記憶から長期記憶に移行しやすいといわれています。

僕のストレス解消法

コーヒーブレイクのすすめ

学校の先生の中には、コーヒー好きな人が多い印象があります。僕もそのうちの一人です。ただ他の先生と違うのが、少し凝り性気味なところでしょうか。コーヒー、良いですよね。あの良い香りがたまらないです。ここでは、コーヒー好きにはたまらない、とっておきの淹れ方について語ります。

一口に「コーヒー」といっても、次のような種類があります。

・缶コーヒー
・インスタントコーヒー（粉末状のコーヒーをお湯で溶かす）
・ドリップコーヒー（マグカップにコーヒーの粉が入ったドリッパーを載せて、お湯を注ぐ）

さらに、「ドリップコーヒー」には、次のようなレベル、段階があります（簡単なものから順に、左に向かって本格的になります）。

・コーヒー粉が小袋にわけられた「ドリップパック」を使う
・コーヒー粉を袋で買って、自分でフィルターにセットする
・コーヒー豆をグラム単位で買って、コーヒーミル等を使って自分で挽く
・コーヒー生豆を買って、自分で焼く（焙煎する）

数年前までは、僕も缶コーヒーを買って飲んでいました。自販機やコンビニで手軽に買えるし、砂糖やミルクは最初から入っています。ただ、手軽なことと引き換えに、分量に対して値段が高いと感じるようになったので、次の段階に進んでみることにしました。その次に試したのがイン

スタントコーヒーです。コーヒーを抽出したものを粉末化したものなので、お湯に溶かして手軽に飲めます。お湯さえ沸かせば飲むことができ、とても手軽でしたが、僕の好みの味ではありませんでした。

その次に試したのがドリップコーヒーです。マグカップにコーヒーの粉が入ったドリッパーをセットしてお湯を注いで抽出するタイプです。インスタントコーヒーよりも美味しく飲めますが、マグカップで飲もうとすると分量が少なかったので、次の段階に進みました。コーヒーの粉はスーパーで売られていたものより、ショッピングモールに入っているようなコーヒーショップで売られているものの方が美味しいと感じましたが、種類や店、購入する時期によって味にばらつきがありました。

そこでコーヒーを豆のまま買い、家で手動のコーヒーミルでゴリゴリと砕いてから飲むようになったのですが、これも粉よりかはマシだなと思ったものの、買ってからすぐに美味しくなくなる豆が多かったので買わなくなりました。

なぜ自分が満足できるコーヒーに出会うまで、こんなにも苦労したのか。この原因を突き止めるためには、つけ焼き刃の知識ではなくて、コーヒーについての知識を得ることが必要でした。

調べていくうちにわかったのが、焙煎後のコーヒー豆は生鮮食品と同じくらい鮮度が大事だということでした。皆さんは火を通した後の食材を、冷蔵庫で何日まで保存したものなら食べられますか？

コーヒー豆に火を通すことで炭酸ガスが発生します。喫茶店でハンドドリップして淹れる光景を見た方はご存じだと思いますが、コーヒーの粉にお湯を注ぐと膨らんでいきます。粉からガスが出ている証拠です。しかし、鮮度が落ちている豆だと、いくらお湯を注いでも膨らまないのです。焼いた後の豆は炭酸ガスが出尽くしたあと、酸化が始まり、どんどん味が落ちていきます。焼いてから1週間ほどすると、苦味やえぐみが際だってしまうのです。

そこで辿り着いた現在の最適解が、生の豆を購入して、フライパンで焼くということでした。こうすることで常に鮮度の高いコーヒーが味わえるのです。あくまで僕の味覚での話ですが、鮮度が落ちた豆から淹れたコーヒーよりも、生豆を自分で焼いて淹れたコーヒーの方が香りも良く、とても美味しいのです。★

フライパンで生豆を焼く

ではここから、僕が1週間に1回のペースで実行している「コーヒー豆を焼く」というタスクについて紹介します。

①まず、お米と同じように生豆を水で洗います。水洗いすることで、焼いている最中に剥がれる豆皮（チャフ）をある程度取り除くことができます。2～3回水を入れ替えて洗います。

②洗い終わったら、フライパンで焼いていきます。油を引く必要はありません。色が変わるまで、菜箸でかき混ぜながらひたすら焼きます。

③焼き始めてから7分ほど経過すると、1回目のハゼ（パチパチと豆がはじける現象）が来ます。15分を経過すると2回目のハゼが来て、表面が黒くなってきます。好みにもよりますが、2回目のハゼが起こる辺りが頃合いです。

★しかも、生豆はコーヒーショップで販売されている焙煎後の豆の半額程度で購入できるので経済的です。

大手スーパーや、某シアトル発祥のかき氷系コーヒー店等で売られているコーヒー豆は、一体いつロースト し梱包したものなのでしょうか。1週間を過ぎていたら鮮度は×です。

コーヒーショップでは、お客さんにコーヒーの試飲を振舞っていますが、販売用のコーヒー豆の回転を良くするためにしているのです。また、普段あまり売れない豆は、半額セールを行うことで鮮度の高い豆に入れ替えているわけです。

④ローストが終わってから3日ほど寝かせた豆が飲み頃です。コーヒーミルで粉状に砕き、ドリッパーに少量のお湯を注ぐと、勢い良く膨らんでいきます。そのまま10秒ほど蒸らして炭酸ガスを抜いたあとに本格的にお湯を注いで抽出します。

本格的なロースターで焼くのとは違って、どうしても焼いたときに豆ごとに焼きムラができてしまいますし、焼いた時間によって味にばらつきが出てしまいますが、市販の粉で淹れるよりも確実に美味しいコーヒーが淹れられます。この味を知ってしまうと、ファーストフード店のコーヒーが飲めなくなってしまうほどです。それほど美味しいコーヒーを自宅でも職場でも楽しむことができるなんて、最高だと思いませんか？

コラム

いま、教師に必要な姿勢

僕はこれまで、大成功だと思えるような授業ができたとしても、本心から満足することがありませんでした。心のどこかで「もっと上手なやり方があったのではないか」というも考えるのです。端から見れば、ただ不安に思っているだけに見えるかもしれませんが、決してそうではありません。僕はこの感情を、向上心だと思っています。

「自分という存在に常に新しい考え方をプラスしていく」力こそが、時代の変化に対応する力であり、教師に求められる力であり、我々が生徒に伝えるべきことだと思うのです。

この考え方の参考になったのが、「頭文字D」という漫画でした。スポーツカーを運転する少年が公道レースを通して成長していく物語の中で、主人公は熟年ドライバーからこんな言葉を伝えられます。

「どれほどの技術を習得していても、これでいいと思ってしまえば、その状態を維持することもむずかしい。常に上を向いて努力をしつづけていなければ、上のレベルに移行することはできない。道を極めるという事は、そういうことだと思っている。」(「頭文字D」32巻より)

この言葉は、特に情報科の教員に当てはまるのではないかと思います。教科の特性上、ソフトウェアのバージョンも変わるし、入学してくる生徒のITリテラシーも全く違います。最新のトレンドを追い、新しい技術に触れ、現実味のある話をしなければ、生徒の興味を惹くような授業にはなりません。こうしてアップデートをしていくうちに授業スキルの引き出しが増え、時代の変化にも対応できるようになるのだと、実感しています。

あとがき

学校は知的生産の場

梅棹忠夫著の『知的生産の技術』（岩波新書）をご存じでしょうか。勉強や研究、原稿の執筆といった知的活動に使える知識について書かれた本です。ネットもスマホも存在しなかった1969年に発売した本であるにもかかわらず、情報を整理する方法や、集めた情報を元に文章を組み立てる方法について考察されていて、現代にも通ずる内容が書かれています。

本書では、序章に登場したR先生の仕事ぶりを理想として、知的生産性を高めるために実践した方法をまとめました。

僕が教師として子どもたちに伝えたいことは、学ぶことの楽しさです。「知的生産」という言葉を初めて見たとき、「これだ」と思いました。勉強というのは本来、やらなければならないから嫌々やるというものではなくて、好奇心旺盛な人の知識欲を満たすものです。子どもたちが自らの意思で自分に必要だと思える知識を吸収し、自身の生活に応用する力こそが「生きる力」であると考えています。未来ある子どもたちにその力を身につけさせることが、我々の仕事。本当に魅力ある仕事だと思います。

何より、この知的生産という行為そのものが、僕は楽しいと感じています。これまで知らなかったものに触れ、新たな知識や経験となることが有意義なことであると実感しています。

好きなことを仕事に

僕は昔から文章を書くことが好きで、高校生の頃からブログを書いてきました。現在更新中のブログ「さおとめらいふ」は、大学3年生のときにLinuxサーバの勉強として趣味でインストールしたWordPressがきっかけでした。小さい頃からロボットが好きで、電子工作が好きで、当然のようにコンピュータにもどハマりしました。こんなにも面白い世界があるのかとのめり込んで、夢中になって、「この面白さ、便利さを伝えたい！　広めたい！」という一心で行動していたら、情報の教員になっていました。自分が好きなものがそのまま教科になっていて、その内容を毎日授業で子どもたちに話すわけです。正直言って、めちゃくちゃ楽しいです。

近頃は「好きなことを仕事にする」という言葉をよく見かけるようになりました。僕自身、とても気に入っている言葉です。教師の仕事はときに大変なこともありますが、それも含めても僕は楽しいと感じています。

コンピュータは人を幸せにするためにある

人間にとってコンピュータは、本当に便利な道具です。僕のような仕事が遅い人間であっても、iPadを活用すればなんとか仕事が回せるようになるわけです。

そんな便利なものを、いまの子どもたちは手のひらで使っているのです。本当に素晴らしい時代になりました。しかしながら、勉強にも情報収集にも活用せず、ゲームや動画の視聴ばかりしている光景を見た大人たちは、「子どもたちの大切な時間が奪われていく」「スマホは勉強には不要」だと思い込み、校内での使用を禁止したり、時間を制限したりする。こういう学校現場の現状を見ると、とても残念でなりません。

小さい頃にロボットやコンピュータに夢中になれたから、情報の教員として幸せに働いている自分がいます。そして、iPadがあるから僕の仕事が円滑に進んでいます。本書を手に取り読んでくださった方が、少しでもiPadを活用してみようと思っていただけることを願っています。また、アプリのバージョンアップや新型iPadの登場など、原稿執筆中にもどんどん新しい動きがありました。今後、学校でiPadを活用する方法については、ブログ「さおとめらいふ (https://jun3010.me)」で紹介していきます。

本書の内容のほとんどはiPadとHHKBのおかげで執筆できました。原稿用紙は1枚も使っていません。執筆にあたり、原稿を執筆する環境づくりについては倉下忠憲さんよりアドバイスをいただきました。また、アイデアを文章化し整理する方法についてはTak.さんよりご指導いただきました。このお二方からアドバイスをいただいている様子は、Podcast「さおとめおとらいふ」にて配信中です。そして何より編集の戸田幸子さんには本当にお世話になりました。最後に、出産という大仕事があったにも関わらず、執筆するための環境や時間確保に極力してくれた妻には最大限の感謝を。

2020年3月　魚住　惇

【参考文献】

本書に出てきたタスク管理やアウトライナー思考法について、更に詳しく学んでみたい方に、おすすめの本を3冊紹介します。

・**倉下忠憲 著『「やること地獄」を終わらせるタスク管理「超」入門』**（星海社新書）

そもそもタスクを管理すること自体に興味をもたれたならこの本がおすすめです。いまの世の中に数多く存在するタスク管理の手法をわかりやすく解説していて、自分に合ったタスク管理方法を見つける鍵となるでしょう。

・**倉下忠憲 著『Scrapbox 情報整理術』**（シーアンドアール研究所）

僕が授業で活用しているScrapboxというサービスについて詳しく書かれた唯一の本です。僕自身、Scrapboxの何が良いのかを、この本を読むまで実感することができませんでした。Scrapboxについて更に詳しく知りたい方におすすめの1冊です。

・**Tak. 著『アウトライナー実践入門 ～「書く・考える・生活する」創造的アウトライン・プロセッシングの技術～』**（技術評論社）

思考の整理をアウトライナーで実践し、タスク管理や本の執筆をアウトライナーでやってみようという本です。思考を整理し、新たな考えに気づくという知の営みは、デジタルツールがあってこそ実現できたことです。アウトライナーの使い方について更に詳しく知りたい方におすすめです。

魚住 惇（うおずみ・じゅん）
1986年愛知県春日井市生まれ。日本福祉大学を卒業後、期限付任用講師、非常勤講師、塾講師を経て2015年より愛知県立高等学校の情報科教諭となる。iPadとHHKBが大好き。iPadはProモデルを毎年買い替える。趣味は珈琲と読書とサーバーいじり。WordPressの勉強として大学時代から書き続けているブログ「さおとめらいふ（https://jun3010.me）」は12年目を迎え、2019年からはPodcast「さおとめおとらいふ」をApple Podcast、Spotify等で配信している。

仕事がサクサク進む **教師《きょうし》のiPad仕事術《しごとじゅつ》**

2020年5月15日 初版第1刷 発行
2021年8月15日 初版第5刷 発行

著　者　魚住 惇
発行者　花岡萬之
発行所　学事出版株式会社　〒101-0021 東京都千代田区外神田2-2-3
電話　03-3255-5471（代表）　http://www.gakuji.co.jp

編集担当　戸田幸子　装丁・本文レイアウト　高橋洋一
イラスト　野田晴華　印刷・製本　精文堂印刷株式会社

 ISBN 978-4-7619-2606-9 C3037
落丁・乱丁本はお取替えします。